혐오, 누군가를 공격하는 말

나는 네가 싫어

생각하는 10대를 위한 이야기 02

혐오, 누군가를 공격하는 말
나는 네가 싫어

초판 1쇄 인쇄 2025년 12월 10일
초판 1쇄 발행 2025년 12월 15일

글 조아라
그림 추현수
펴낸곳 대림출판미디어
펴낸이 유영일
편집 문연정
디자인 난나
마케팅 신진섭
등록 제 2021 000005호
주소 서울시 영등포구 대림로 34 다길 16, 다청림 101동 301호
전화 02-843-9465
팩스 02-6455-9495
E-mail yyi73@naver.com
Tistory https://dae9495.tistory.com

ISBN 979-11-92813-38-7
       979-11-92813-22-6 (세트)

※ 값은 뒤표지에 있습니다. 잘못된 책은 바꾸어 드립니다.

작가의 말

"전 쟤가 싫어요. 그냥 싫어요. 싫을 수도 있잖아요?"
 놀이터에서 한 여자아이가 했던 말이에요. 그 말에서 틀린 건 하나도 없었어요. 솔직히 사람이 살면서 그냥 싫은 것도 많잖아요. 오이는 냄새가 이상해서 싫고, 비 오는 날은 축축해서 싫고, 분홍색 옷은 유치해서 싫고. 그게 잘못된 것은 아니지요. 그런데 그날, 그 여자아이가 싫다고 말한 대상은 바로 앞에 서 있는 아이였어요. 그리고 일부러 들으라는 듯 다른 사람들 앞에서 큰 소리로 말했지요.
 감정을 숨기던 예전과 달리 요즘은 자신의 감정을 드러내는 것을 긍정적으로 보아요. 맞아요. 감정을 숨기지 않고 표현하는 것은 건강한 일이에요. 속으로 끙끙 앓다가 속이 곪아 버리는 건 좋지 않아요.
 그런데 이것을 잘못 받아들이는 경우가 있어요. 내가 불편하거나 싫은 것을 그때그때 다른 사람에게 표현하는 거예요. 문제는 내 솔직한 감정이 누군가에게는 상처가 될 수 있다는 것이에요. 싫은 마음이야 어쩔 수 없지만, 그 마음을 그대로 말한다고 해서 모두가 괜찮은 건 아니거든요. 특히 성별, 나이, 장애, 인종, 국가 등 그 사람이 바꿀 수 없는 이유로 싫다고 말하는 것은 그 사람의 존재 자체를 거부하는 것과 다름없어요.

사람들은 '싫다'라는 말을 너무 쉽게, 또 너무 자주 사용해요. 조금만 마음에 들지 않아도 '극혐'이라며 강하게 밀어내죠. 하지만 다수가 소수를 향해 던지는 '혐오의 말'은 단순한 감정 표현으로 끝나지 않아요. 이는 누군가의 삶을 위협하고 존재를 지우는 일이 될 수도 있어요.

내가 별생각 없이 하는 말이 누군가를 벼랑 끝으로 밀고 있지는 않은지, 이 책을 읽으면서 함께 생각해 보아요.

조아라

차례

작가의 말 ★ 6

프롤로그 ★ 10

노! 키즈 존 ★ 19

SP 디럭스빌 아파트 임대동 ★ 37

결정 장애 ★ 59

한국인만 사는 나라 ★ 83

여성 혐오 ★ 103

에필로그 ★ 120

프롤로그

오랜만에 들어선 초등학교는 라면을 넣기 직전의 냄비 안처럼 술렁거린다. 운동장에서 웃고 까불고 있는 아이들은 뭐가 그리 재미있을까? 나도 저 나이 때는 그랬을까? 은우는 무심결에 고개를 저으며 중앙 현관으로 발걸음을 옮겼다.
"어떻게 오셨죠?"
경비 아저씨의 질문에 은우는 괜히 움찔했다.
"교장 선생님이 부르셔서 왔는데요."

"학부모이신가요?"

"아니요."

은우의 대답에 경비 아저씨는 명단 기록부를 가리켰다.

"여기에 적고 가세요."

교장실은 1층 복도 맨 끝에 있었다. 교장실 문 앞에서 은우는 숨을 가다듬었다. 막 노크를 하려는데 문이 벌컥 열렸다.

"야, 차은우!"

"아이, 깜짝이야."

은우가 화들짝 놀라자 이내 으하하 웃음소리가 터져 나왔다. 문 앞에는 양 교장이 어린아이 같은 해맑은 웃음을 띠고 있었다. 은우는 그런 양 교장을 쳐다보며 생각했다. 내일모레면 육십을 바라보는 나이에 이런 장난이라니. 아무리 초등학교라지만 이건 너무하다.

"뭘 그렇게 쳐다보고 있어? 들어와."

은우는 교장실 안을 둘러보았다. 알록달록 인형들과 학생들의 편지, 만화책, 연예인 사진, 아이들 사진, 기타까지 변한 건 하나도 없었다.

"그동안 잘 지내셨어요? 여전하시네요."

은우는 어색한 표정으로 인사말을 건넸다. 이십여 년 전 담임 선생님이었던 양 교장은 그때나 지금이나 말 그대로 여전했다. 모습과 웃음, 말투까지 예전 그대로였다.

"우리 마지막으로 본 게 5년 전이었나? 너 회사 차렸을 때 내가 화분 들고 갔었잖아."

"화분이 아니라 꽃다발이었어요."

"그랬나? 너 원래 동물이나 식물 키우는 거 싫어했잖아. 그나저나 요즘 뭐 하고 지내니? 저번에 말한 신제품 계약은 잘됐어? 워드워치 말이야."

"잘 기억하고 계시네요."

양 교장의 질문에 은우의 얼굴이 어두워졌다. 창밖으로 왁자지껄 아이들이 떠드는 소리가 들렸다. 은우는 아무 말 없이 시선을 아래로 향했다. 양 교장은 커피 두 잔을 가져와 탁자 위에 놓았다. 잠시 후 은우가 입을 열었다.

"그게 잘 안됐어요. 전 사실 나오자마자 대박 날 줄 알았거든요. 그런데 제가 잘못 생각한 거였어요. 사람들은 자신이 뱉은 말이 기록으로 남는 걸 싫어하더라고요."

스마트워치처럼 손목에 차고 있으면 그 사람이 한 모든 말이 기록되는 워드워치. 은우가 몇 년 동안 개발에 매달렸던 그 제품이다.

"그래? 난 듣자마자 정말 좋다고 생각했는데. 사람들은 자기가 어떤 말을 하는지도 모르고 마구 뱉어 버리잖아. 때로는 자기가 했던 말을 안 했다고 딱 잡아떼기도 하고."

"저도 그래서 개발한 건데 요즘은 개인 정보나 사생활 보호가 중요해서 다들 꺼리더라고요. 제가 시대 흐름을 제대로 이해하지 못했죠, 뭐."

"음, 지금은 뭘 하고 지내는데?"

양 교장이 화제를 돌리듯 물었다.

"그냥, 뭐."

"다른 제품 개발하는 건 없어?"

"이제 해야죠."

"그럼 지금은 하는 일이 없다는 말이네?"

양 교장은 은우의 아픈 곳을 콕 찔렀다. 은우는 입을 삐죽였다. 따뜻하면서도 은근히 얄밉다.

"일자리가 있는데. 딱 한 달간 하는 일이야. 급여도 많아."
"어딘데요?"
"우리 학교."
"네?"
은우가 눈을 동그랗게 뜨자 양 교장은 씩 미소 지으며 말을 이었다.
"5학년 1반 담임 선생님이 아파서 한 달간 병가를 냈거든. 너도 교대 나왔잖아."
"그거야……. 선생님도 아시잖아요. 저 교생 실습하고 바로 그만둔 거. 제 길이 아니라 바로 접었잖아요."
풀 죽은 얼굴로 은우는 식은 커피를 들이켰다.
"그러니까 한 달만 해 봐. 너 지금 돈벌이도 없고 할 일도 없잖아. 무엇보다 그 신제품 계약해야지."
"학교에서 일하는 거랑 워드워치랑 무슨 상관인데요?"
"내가 그거 계약할 수 있게 도와줄게."
"선생님이요?"
의아한 얼굴을 들이미는 은우를 보며 양 교장은 또 한

번 씩 웃었다. 그러고는 우아하게 남은 커피를 홀짝였다.

"그래, 네가 우리 학교에서 한 달간 일하면 내가 워드워치 계약 따 줄게. 아니, 이미 반쯤 따 놓은 셈이지."

"그게 무슨 말씀이세요?"

은우는 몸을 바짝 당기며 물었다.

"내가 이번에 교육부에 초등학생 언어 순화 및 인성 교육 프로젝트로 네 워드워치를 제안했거든. 그 제안이 통과되어서 우리 학교에서 워드워치를 시범적으로 사용해 보기로 했어. 그래서 한 반을 선정해서 한 달간 워드워치를 착용하고 한 말들을 확인해 볼 거야. 학부모들과 아이들도 모두 동의했고."

"네?"

"그래서 네가 5학년 1반을 맡아 준다면, 일단 학교에서 워드워치 30개를 구매할 거야. 우리 학교에서 시범 사용한 뒤 교육부에서 최종 승인이 나면, 전국 학교에서 구매할 수도 있어. 어때, 할래?"

은우는 뜻밖의 이야기에 멍한 얼굴로 양 교장을 바라보았다. 그러다 자리에서 벌떡 일어났다.

"할게요! 저 할게요! 선생님, 감사합니다!"

거듭 인사하는 은우의 가슴에서 무언가 피어올랐다. 늘 그랬다. 벼랑 끝에 서 있을 때마다 양 교장은 은우의 손을 잡아 주었다.

가벼운 마음으로 교장실을 나와 교문으로 향하던 은우는 걸음을 멈추고 학교를 돌아보았다. 양 교장, 아니 양주연 선생님의 도움으로 불우한 어린 시절을 넘기고 교대에 갔을 때만 해도 양주연 선생님처럼 멋진 선생님이 될 거라고 생각했다. 선생님이 내 인생을 바꿔 주었듯 나도 누군가의 인생을 바꿔 주리라 다짐했다.

하지만 첫 교생 실습을 나갔을 때 그 다짐은 와르르 무너졌다. 아이들은 버릇없이 제멋대로였고 학습 태도마저 엉망진창이었다. 도저히 선생님이 통제할 수 없는 통제 불능. 그걸 겪은 후 은우는 뒤도 보지 않고 선생님의 길을 포기했다. 그 후 평소 관심 있었던 IT 개발 쪽으로 눈을 돌려 다시 시험을 보고 공대에 갔다.

졸업 후 야심에 차 회사를 차렸다. 이것저것 개발을 해

보았지만, 큰 소득은 없었다. 그러다 모든 것을 쏟아부어 워드워치를 개발했는데 그 어디에서도 관심을 보이지 않았다. 그러던 중 양 교장이 이런 제안을 한 것이다. 적성에 안 맞는 선생님은 하지 않으리라 마음먹었건만 이런 식으로 학교에 돌아오게 될 줄은 몰랐다.

　은우는 운동장에서 뛰어노는 아이들을 다시 한번 바라보았다. 종이 울리자, 아이들은 아우성을 치며 서로 먼저 들어가려고 난리였다. 여전히 시끄럽고 제멋대로고 정신없다. 묵묵히 뒷정리를 하는 체육 교사에게 눈길이 갔다.

　'내가 잘할 수 있을까? 아니야, 그래 봤자 한 달인데. 딱 한 달만 고생하고 워드워치 팔아서 대박 나는 거야. 나도 그때보다 나이를 더 먹었고. 아무리 그래도 어린애들인데 뭘 걱정해.'

　은우는 두 주먹을 불끈 쥐고 입술을 꽉 깨문 채 교문을 나섰다. 하늘에 먹구름이 몰려오는 것 같았다.

노! 키즈 존

일은 일사천리로 진행되었다. 워드워치 30개를 두루초등학교에 판 것을 시작으로 은우는 다음 주 월요일 첫 출근을 앞두고 있었다. 물론 한 달짜리 선생님이지만. 은우가 취직했다는 말에 친구 녀석은 소개팅을 주선하기까지 했다.

봄바람이 살랑이는 토요일 오후, 은우는 오랜만에 설렘을 느꼈다. 깨끗이 빨아서 다림질한 옷을 입고 길을 나섰다. 원래도 내향적인 성격이지만 사업이 잘 안 풀린 이

후부터는 사람들과의 만남도 꺼렸던 은우였다. 어릴 때부터 그는 늘 혼자였고 자존심이 강했다. 잘하는 거라고는 그저 공부 하나뿐이었다.

 하지만 이제 곧 워드워치가 전국 학교로 나가게 되면 한국의 스티브 잡스가 되는 건 시간문제이다. 게다가 지금은 잠시나마 학교 선생님이기도 하지 않은가. 이런 생각에 은우는 어깨에 힘이 들어갔다. 인터넷에서 찾은 분위기 좋은 카페로 향하며 가슴이 두근거렸다.

 "차은우 씨?"

 자리를 잡고 앉자마자 누군가 말을 걸었다. 와, 사진보다 더 예쁘다. 은우의 입가에 절로 미소가 번졌다.

 "안녕하세요. 송민아라고 해요."

 카페 안에는 은은한 커피 냄새와 꽃향기가 가득했다. 여기에 카페에서 틀어 놓은 잔잔한 음악까지 분위기가 더없이 좋다. 그래, 나도 여자 친구를 만들 수 있지 않을까? 그런 생각을 하며 대화를 이어 가려는데…….

 "으아아아!"

 앙칼진 아이의 비명에 깜짝 놀랐다. 뒤를 돌아보니 세

살 정도의 꼬맹이가 우다다 뛰어 들어왔고 그 뒤에 아이 엄마와 소년이 허둥거리며 따라 뛰었다.

"주안아, 안 돼! 이리 와."

꼬맹이가 엄마의 손길을 피하려다 민아의 치맛자락을 붙잡았다. 민아는 깜짝 놀라 벌떡 일어났다. 일어나는 동시에 유리컵이 쓰러지며 민아의 흰 원피스에 커피가 쏟아졌다.

"악! 이거 놔!"

서둘러 꼬맹이를 붙잡은 엄마는 연신 고개를 숙였다.

"죄송합니다. 아이가 갑자기 뛰어들어서."

"아줌마, 애를 잘 보셔야지 이게 뭐예요?"

민아는 얼굴이 붉으락푸르락해지며 아이 엄마에게 쏘아붙였다.

"죄송해요. 그 옷은 세탁비 드릴게요."

"왜 애를 이런 곳에 데리고 와요? 키즈 카페나 가지."

"손님, 괜찮으세요?"

뒤늦게 카페 사장이 다가오자, 민아는 더 볼멘소리로 말했다.

"아니, 여기 노 키즈 존 아니에요? 왜 애가 들어와요?"

"죄송합니다. 그게 커피랑 빵만 포장해 가신다고 해서."

머리를 긁적이던 사장은 아이 엄마에게 짜증을 냈다.

"그래서 제가 처음에 안 된다고 했잖아요. 엄마가 애 하나를 못 보고."

"죄송합니다."

아이 엄마는 쩔쩔매며 고개를 숙였다. 은우는 그 옆에 서 있는 소년에게 눈길이 갔다. 초등학교 고학년쯤 되어 보이는 소년은 이 상황이 못마땅한 표정으로 서 있었다. 그러고는 은우를 힐끔 곁눈질하다 서로 눈이 마주쳤다.

"다른 손님들이 불편해하시니까 얼른 나가세요."

카페 사장은 아이 엄마에게 나오라는 손짓을 한 뒤 민아에게 물었다.

"커피 새로 드릴까요?"

"됐어요. 나갈래요."

민아가 아이 엄마에게 돈을 받고 나가자, 은우도 엉거주춤 일어났다. 뭐지? 아직 얘기도 많이 못 했는데. 은우는 민아를 따라 나갔다.

"괜찮으세요? 다른 곳으로 갈까요? 어디 조용한 데가……."

"그냥 오늘은 집에 갈래요. 옷도 기분도 엉망이에요."

"네? 벌써 가신다고요?"

민아는 짜증 섞인 얼굴로 이야기했다.

"아니, 도대체 왜 애를 데리고 카페에 오는 거예요? 그렇게까지 커피를 마시고 싶나? 뜨거운 커피가 쏟아지기라도 했으면 어쩔 뻔했어요. 무슨 애 엄마가 그렇게 생각이 없는지. 이래서 맘충이 사회적 문제라니까요. 그래서 노키즈 존이 계속 생기는 거고요. 안 그래요?"

"그렇죠."

은우는 열심히 맞장구를 치며 민아의 비위를 맞추려고 했다. 조금 전에 만났는데 벌써 헤어지다니, 이건 말도 안 된다.

"초등학교에서 일하신다니 힘드시겠어요. 전 애들은 질색이라. 시끄럽고 제멋대로고."

"뭐, 그렇죠."

"아무튼 전 이만 가 볼게요. 오늘은 이 옷으로 도저히

밖에 있을 수가 없네요."

 민아는 택시를 타고 휘리릭 가 버렸다. 안 돼. 이건 꿈일 거야. 제대로 얘기도 못 해 봤는데 이렇게 가 버리다니. 주선해 준 친구에게는 뭐라고 한담? 멍하게 서 있는 은우의 눈에 아까 카페에서 난리를 피운 세 모자가 보였다. 아이 엄마는 꼬맹이를 안고 있고, 소년은 엄마 옆에 서 있었다. 그 소년과 또 한 번 눈이 마주쳤다.
 저 사람들 때문에 몇 년 만의 데이트가 물거품이 되었다. 은우는 눈을 한 번 흘기며 돌아섰다. 에취, 에취, 꽃가루 때문에 자꾸 재채기가 나온다. 봄이 싫다.

 "여러분과 한 달간 함께 지낼 차은우 선생님입니다."
 양 교장의 소개와 함께 은우가 고개를 숙여 인사했다. 당연히 박수 소리가 나올 거라는 생각과 달리 아이들의 반응은 떨떠름했다.
 "한 달 지나면 담임 선생님 와요?"
 "선생님 바뀌는 거 싫은데."
 "남자 선생님은 별론데. 원래 담임 선생님이 더 좋아

요."

 사람을 앞에 대놓고 저런 말을 하다니. 아무리 아이들이지만 어쩜 저렇게 예의가 없을까? 그리고 아까부터 맨 앞에 앉은 남자아이는 불만 가득한 표정으로 은우를 쳐다보았다.

"차은우 선생님은 내 제자야."

양 교장의 한마디에 아이들의 눈이 휘둥그레졌다.

"진짜요?"

"그럼 교장 선생님이 담임이었어요?"

"그래, 차은우 선생님 5학년 때 내가 담임이었지."

"와, 대박. 신기하다."

"그러니까 특별히 잘 부탁해."

 양 교장이 아이들을 향해 눈을 찡긋했다. 아무래도 부탁해야 할 대상이 바뀐 것 같다.

"이것 좀 친구들에게 나눠 줄래?"

 양 교장은 워드워치가 든 상자를 맨 앞에 앉은 남자아이에게 내밀었다. 아까부터 은우를 매섭게 쳐다보던 녀석이다.

"선생님, 이게 그 말만 하면 기록으로 남는다는 시계예요?"

"에이, 스마트워치처럼 멋있게 생겼을 줄 알았는데 촌스럽다."

아이들은 워드워치를 손목에 차 보며 중구난방으로 떠들어 댔다. 워드워치 개발자로서 은우는 이런 아이들의 반응이 언짢았다.

"자, 지금부터 전원 버튼을 눌러 주세요. 한 달간 여러분의 말은 모두 기록되지만 익명이 보장되니까 너무 걱정하지 말아요. 하지만 기록으로 남는 만큼 워드워치를 차는 동안 바르고 고운 말을 쓰도록 노력하는 게 좋겠지요? 그럼 난 이만 뿅!"

우스꽝스러운 인사와 함께 양 교장은 교실을 나갔다. 은우는 가만히 서서 교실을 한번 둘러보았다. 아이들은 은우는 관심도 없는 듯 워드워치만 들여다보며 쉴 새 없이 쫑알거렸다. 쳇, 너희들이 이 위대한 발명품을 평가한다고? 마음에 들지 않지만 달리 방법이 없다.

"자, 1교시는 사회니까 사회책 펴자. 오늘 2단원 할 차

례지? 인권 존중과 정의로운 사회. 애들아, 인권이 뭘까?"

"사람이라면 누구나 누릴 수 있는 권리요."

아이들이 입을 모아 대답했다.

"그래, 사람이면 누구나 가질 수 있고, 태어날 때부터 주어지는 권리야. 또 다른 사람에게 빼앗길 수도, 다른 사람으로부터 빼앗을 수도 없고. 그래서 인권을 침해하면 안 되는……."

"그런데 노 키즈 존은 인권 침해 아니에요?"

그제야 은우는 녀석이 누군지 알아차렸다. 아까부터 은우를 노려보던 아이, 모처럼 데이트를 엉망으로 만든 꼬맹이의 형. 녀석도 은우를 알아본 게 분명하다. 그렇지 않고서는 저 질문을 할 리가 없다.

"응? 그런 셈이지. 하지만 노 키즈 존이 왜 생겼는지에 대해서도 생각해 볼 필요가 있지 않을까?"

은우는 애써 태연한 얼굴로 되물었다.

"가게 사장님도 안전하고 평화로운 공간에서 장사할 수 있는 권리가 있으니까."

은우의 말에 녀석은 잠시 눈을 깜빡거리더니 이내 말했다.

"하지만 어린이가 모두 위험하고 시끄러운 건 아니잖아요."

"그럴 가능성이 높으니까."

"선생님, 어른 중에서도 위험하고 시끄러운 사람이 있잖아요. 근데 왜 어린이만 막아요?"

"맞아요. 가게에 나쁜 사람이 오면 그 사람에게만 나가라고 하지 모든 어른들을 못 들어오게 하지 않아요. 그런데 어린이는 무조건 못 들어오게 하니까 기분이 나빠요."

"그건 차별이에요."

아이들은 너도나도 손을 들고 말했다. 교실은 금세 토론장으로 변했다. 예전에 한 음식점에서 아이가 뛰다가 다치는 일이 있었다. 분명 아이를 잘 돌보지 않은 부모 책임이었는데도 음식점에서 큰돈을 물어 줘야 한다는 판결이 났다. 그때부터 노 키즈 존이 생기기 시작한 것이다. 은우도 그 일을 떠올리며 가만히 아이들의 이야기를 들어 보았다.

"우리 부모님도 장사를 하셔. 근데 아무 잘못 없는 사장님이 피해를 보면 안 되잖아."

"나도 같은 생각이야. 잘못하지 않은 사람이 책임을 지게 하는 것도 문제야."

"그래도 어린이라는 이유로 무조건 못 들어가는 건 너무해."

방금까지 시끄럽기만 하던 아이들이 제법 똑 부러지게 말하는 것을 보고 은우는 사뭇 놀랐다.

그날 저녁, 은우는 할머니의 손을 잡고 고급 레스토랑을 찾았다. 요양원에 계신 할머니께 취직 기념으로 맛있는 식사를 대접하고 싶었기 때문이다. 할머니는 국밥이나 먹자고 했지만, 은우는 할머니께 꼭 한 번 이런 곳에서 식사 대접을 하고 싶었다. 부모님 없는 은우를 어릴 때부터 키워 준 할머니가 아닌가.

"할머니, 여기가 그렇게 맛있대요. 스테이크 안 드셔 보셨죠?"

은우와 할머니가 레스토랑 안으로 들어서자 종업원이

가로막았다.

"손님, 죄송하지만 여기는 어르신들은 이용하실 수 없습니다."

"네? 왜요?"

뜬금없는 종업원의 말에 은우가 물었다.

"저희 레스토랑은 노 시니어 존입니다."

"뭐라고요?"

"에구, 내가 그냥 국밥이나 먹자고 했잖니. 그냥 가자."

할머니는 겸연쩍은지 눈치를 보며 나가려고 했다.

"잠깐만요. 무슨 식당에서 손님을 가려 받아요. 시끄러운 어린애도 아니고요."

"죄송합니다만 저희 레스토랑 콘셉트와 맞지 않아서요. 양해 부탁드립니다."

"그게 무슨 말도 안 되는 소리예요? 노인은 사람이 아니에요?"

은우가 언성을 높이자, 할머니는 은우의 팔을 잡아끌었다. 한껏 차려입은 손님들이 은우와 할머니를 힐끔 쳐다보았다. 결국 은우와 할머니는 그곳을 빠져나왔다. 그저 좋은 곳에서 맛있는 것을 먹으러 갔을 뿐인데. 어쩐지 쫓겨난 것 같아 우울했다.

"할머니, 죄송해요. 무슨 저런 식당이 다 있는지!"

"아니다. 저런 곳은 늙은이와 어울리지 않아."

"무슨 소리를 그렇게 하세요? 할머니, 우리 더 좋은 곳으로 가서 저녁 먹어요."

"아니야, 그냥 시장에 가서 국밥 먹자. 우리 옛날에 자주 가던 식당 있잖니. 난 거기가 좋아."

은우는 할머니의 눈치를 살피며 시장으로 향했다. 문득 지난 주말, 카페에서 쫓겨난 세 모자가 떠올랐다. 그때 그들도 이런 기분이었을까? 할머니와 살 때 초라한 행색으로 식당에서 쫓겨났던 기억도 떠올랐다. 시장으로 가는 동안 나무에서 꽃잎이 뚝뚝 떨어졌다.

금요일이 될 때까지 민아는 아무 연락이 없었다. 주말에 뭐 하냐고 문자를 보내 봤지만 감감무소식이다. 나 같은 남자를 누가 좋아하겠어. 잔뜩 의기소침해진 은우는 무조건 워드워치 계약을 따내야겠다고 다짐했다. 흥! 반

드시 성공해서 예쁜 여자 친구도 만들고, 잘나가는 CEO가 되어 민아의 코를 납작하게 만들어 줘야지.

"차 선생, 아직 퇴근 안 했어?"

아이들이 하교한 뒤 5학년 1반 교실에 양 교장이 찾아왔다.

"차 선생이라니 어색해요."

은우가 멋쩍게 머리를 긁적였다.

"그럼 뭐라고 해? 옛날처럼 차땡으로 불러 줘?"

"그 별명, 정말 오랜만에 듣네요."

"애들이 문제 풀면 틀렸다고 네가 땡! 땡! 해 대서 차땡이었잖아."

"그러고 보면 저는 그때부터 눈치가 없었나 봐요."

"일해 보니 어때? 할 만하니?"

양 교장이 다정한 목소리로 물었다. 눈가의 주름은 좀 늘었지만 변한 건 없었다. 여전히 따뜻하고 부드럽다. 엄마에 대한 기억이 없는 은우지만 양 교장을 떠올리면 엄마 냄새가 났다.

"잘 모르겠어요. 선생님도 아시다시피 제가 애들을 별

로 안 좋아하잖아요. 그리고 애들도 저를 별로 안 좋아하는 것 같아요."

"사실 은우 네 앞으로 민원이 들어왔어."

"민원이요?"

깜짝 놀란 은우가 양 교장을 바라보았다.

"너 화요일 등교 시간에 학교 가기 싫다고 우는 1학년, 엄마가 데리고 들어가 달라고 했는데 모른 척했다며?"

"제가 같이 가자고 하니까 그 애가 악을 쓰며 바닥에 누웠어요. 그래서 그냥 두었어요."

"그리고 요린이, 주린이 같은 말을 썼다며?"

"그건 애들하고 가까워지려고 유행어를 쓴 건데요."

"그런 말 말고 초보라는 말도 있잖아. 어린이가 미숙하고 불완전하다는 인식이 깔린 말은 어린이를 무시한다고 느낄 수 있어. 게다가 너, 잼민이라는 말까지 썼다며."

양 교장의 말에 은우는 입을 다물었다. 뭔가 억울하긴 하지만 딱히 틀린 말도 아니었다.

"그래서 말인데. 너도 워드워치 시범 사용을 해 보는 게 어때?"

"제가요?"

"그래, 지금 너희 반이 시범 사용 중이잖아. 아이들뿐 아니라 네가 하는 말도 확인해 봐. 물론 네가 한 말을 교육부에 보고할 생각은 없어. 그저 너 스스로 네가 어떤 말을 하는지 돌아봤으면 해서."

"제가 한 말을 기록해서 보라고요?"

"네가 개발한 워드워치지만 네 말을 기록해서 제대로 본 적은 없을걸. 안 그래?"

은우는 잠시 생각에 잠겼다. 맞다. 잠깐 동안 테스트만 해 봤지, 지금껏 자신이 한 말을 기록해서 제대로 확인해 본 적은 없었다. 하루 종일 내가 내뱉은 말이 기록되고, 그것을 눈으로 직접 보고, 그것을 다시 분석한다니 뭔가 낯간지럽고 민망한 생각이 들었다.

"워드워치가 성공하려면 개발한 사람이 먼저 그 성능과 효과를 몸소 입증해야지. 나도 너의 기록은 보지 않을게. 아까 말한 대로 너 스스로 깨달으면 좋을 것 같아."

그렇게 말한 뒤 양 교장은 교실을 나갔다. 혼자 남은 은우는 워드워치를 물끄러미 바라보았다.

SP 디럭스빌 아파트 임대동

"아으, 똥 냄새."

은우는 교실에 들어서다 이 소리에 걸음을 멈췄다. 창문으로 보니 윤서가 코를 쥔 채 민호를 노려보고 있었다. 윤서 옆에 있던 소율이는 가방에서 조그만 향수병을 꺼내어 자기 주변에 칙칙 뿌렸다.

"향기 좋다."

윤서는 일부러 콧구멍을 벌름거리며 향을 맡았다.

"너도 뿌릴래?"

소율이가 선심 쓰듯 향수병을 건네자, 윤서는 향수병에 코를 대 보며 좋아했다.

"윽, 지독한 냄새."

뒤에 앉은 민호와 남자애들이 일부러 코를 감싸 쥐며 호들갑을 떨었다.

"웃겨. 이게 얼마나 좋은 향인데."

소율이의 얼굴이 찡그러지는 것을 보자 윤서가 나섰다.

"아줌마 냄새 나. 왜 교실에서 이런 걸 뿌려 대?"

"야, 이게 어딜 봐서 아줌마 냄새야? 네 지독한 냄새 때문에 뿌린 거잖아. 너도 뿌려 줘?"

윤서가 민호의 얼굴 가까이 향수병을 들이대자, 소율이가 벌떡 일어났다.

"됐어! 이리 내!"

윤서의 손에 있던 향수병을 소율이가 낚아채는 순간, 향수병이 바닥에 곤두박질치고 말았다.

"으악!"

빠지직 갈라진 향수병에서 향수가 흘러나왔다.

"난 몰라! 이게 얼마짜린 줄 알아?"

소율이는 버럭 화를 내며 소리쳤다. 잔뜩 기가 죽은 윤서가 서둘러 향수병을 집어 들었지만 이미 엎질러진 물, 아니 향수였다. 향수 하나로 초등학교 교실이 백화점 1층으로 변해 버렸다.

"미, 미안해."

잔뜩 기어들어 가는 목소리로 윤서가 안절부절못했다. 그러거나 말거나 민호는 향수에는 관심도 없고, 팔짱을 낀 소율이만 씩씩거렸다. 교실 밖에서 이 상황을 관찰하던 은우가 나섰다. 은우는 윤서가 들고 있던 향수병을 먼저 살펴보았다.

"와장창 깨진 건 아니지만 금이 갔으니까 버리는 게 좋겠다. 위험할 수도 있어."

은우가 향수병을 가져가려는데 윤서가 손에 힘을 주었다.

"제가 버릴게요."

"그럴래?"

은우는 향수병을 윤서에게 주고, 휴지를 가져와서 바닥에 쏟아진 향수를 닦았다.

"선생님, 머리 아파요. 냄새가 지독해요."

아이들의 아우성에 은우는 창문을 열었다. 어느새 따스하고 훈훈한 봄바람이 불어왔다. 그 끝에 은은하게 거름 냄새가 묻어 있다. 저 멀리 아파트와 어울리지 않는 붉은 밭이 보인다.

"똥 냄새 나요."

여자애들이 투덜거렸다.

"봄이라 그래. 저기 밭에서 거름 뿌렸나 보다."

윤서는 재채기를 했다. 봄바람에 섞인 꽃가루 때문인지 따끔따끔 찌르는 소율이의 눈초리 때문인지 자꾸만 재채기가 나왔다. 재채기를 할 때마다 윤서는 민호를 노려보았다. 향수병 사건 이후, 소율이와 윤서 사이에는 꽃샘추위보다 더 냉랭한 기운이 감돌았다. 윤서는 계속해서 소율이의 눈치를 보고, 소율이는 그것을 알면서도 일부러 윤서를 더 무시했다.

평소와 같은 6교시 수업이 끝났다. 윤서에게는 9교시 같은 6교시였다. 항상 소율이 옆에 딱 달라붙어 걷던 윤서는 다섯 걸음쯤 떨어져 느릿느릿 걸었다. 앞서서 성큼 성큼 걷던 소율이는 아파트 정문 앞에 다다르자 갑자기 홱 돌아서서 윤서를 쳐다봤다.

"당분간 따로 갈래. 따라오지 마."

그러고는 주머니에서 카드를 꺼내 정문 인터폰에 대었다. 열려라, 참깨! 주문을 왼 것처럼 굳게 닫혔던 문이 스르르 열렸다. 소율이가 그 안으로 사라질 때까지 윤서는 그 모습을 가만히 바라보고만 있었다.

소율이와 윤서는 같은 아파트에 산다. 그러나 저 문으로 들어갈 수 있는 주문이 윤서에게는 없다. 윤서네 집은 임대동이기 때문이다. 분명 같은 이름의 아파트인데 윤서네 동만 따로 떨어져 있다. 다른 동들은 크고 웅장한 정문으로 들어가는데 윤서네 동만 쪽문처럼 생긴 철문으로 들어간다. 그 문으로 들어가는 데에는 그 어떤 주문도 필요 없다. 그냥 쪽문을 열어젖히기만 하면 된다.

윤서가 사는 동은 131동이지만 누구도 '131동'이라고 부르지 않고 '임대동'이라고 부른다. 윤서는 그게 너무 싫었다. SP 디럭스빌 아파트는 이 동네에서 가장 화려하고, 신식이다. 이 동네에서 아파트에 수영장이 딸려 있는 곳

은 여기가 유일하다. 하지만 주민 도서관도, 키즈 카페도, 수영장도, 사우나도 윤서네 동만 쓸 수가 없다. 정문을 통하면 학교도 5분 안에 갈 수 있는데 쪽문으로 나가면 빙 돌아서 15분이나 걸린다. 그러기에 윤서는 소율이와 함께 등하교를 했던 것이다. 소율이와 함께 가면 등하교 시간도 줄어들고 가끔 소율이가 기분이 좋으면 키즈 카페나 수영장에서 놀 수도 있다. 무엇보다 소율이와 함께 있으면 윤서도 이 아파트에 사는 부잣집 아이가 된 기분이 든다.

민호가 소율이를 비롯한 몇몇 아이들에게 무시당하는 이유도 바로 임대동에 살기 때문이다. 윤서는 다른 아이들에게 자신이 임대동에 산다는 걸 들키지 않기 위해 소율이에게 비굴할 정도로 달라붙었다. 민호와 같은 신세가 되고 싶지 않았다. 그래서 더 민호를 무시했다.

윤서는 혹시라도 누가 볼까 봐 도둑처럼 살금살금 쪽문으로 들어서며 생각했다. 도둑도 임대동에는 안 오겠지? 주머니에 손을 넣자 아까 버리려던 소율이의 향수병이 잡혔다. 휴지에 둘둘 쌌지만 버리지 못한 향수병. 그 향수병을 꺼내 코에 가만히 대 보았다. 진한 꽃향기가 났다.

 윤서는 집 앞 커다란 나무 뒤에 몸을 숨겼다. 아무도 없을 때 얼른 들어가야지 하고 있던 때, 공동 현관에서 엄마가 나왔다. 엄마는 정신없이 휴대폰을 보며 걸었다. 냉장고에 붙은 엄마의 일정표에는 분명 지금 병원에 있어야 할 시간이다. 일정이 바뀌었나? 반가운 마음에 엄마를 부르려던 그때였다.

 끼이익.

 순식간에 오토바이가 공동 현관 앞을 지나면서 하마터면 엄마와 부딪칠 뻔했다. 그 순간, 뒤에 있던 남자애가 엄마를 세게 잡아당겼다.

 "어이쿠!"

 엄마를 잡아당기느라 남자애는 엉덩방아를 찧었다. 오토바이 기사는 둘을 힐끔 보고는 사과도 없이 쌩하고 지나갔다.

 "아줌마, 괜찮으세요?"

 "어? 어, 고마워. 괜찮니?"

 엄마에게 먼저 물은 건 남자애, 아니 민호였다. 윤서는 엄마에게 달려가려다 그 애가 민호인 걸 알고 발이 그대로 굳어 버렸다.

"괜찮아요. 아파트 단지에서 오토바이 금지인데 왜 우리 동에서만 다니나 몰라요. 그리고 아줌마도 휴대폰 보면서 걷지 마세요. 위험해요."

"그래, 고마워."

민호는 어울리지 않게 어른스레 말하고 쪽문으로 나갔다. 민호와 마주칠까 봐 윤서는 몸을 잔뜩 웅크린 채 그대로 있었다. 민호도, 엄마도 윤서를 못 보고 지나가 버렸다. 얼굴 보기 힘든 엄마에게도, 엄마를 구해 준 민호에게도 아는 체 못 하고 숨어 있는 자신이 한심하게 느껴졌다.

다음 날, 윤서는 민호의 얼굴을 볼 수가 없었다. 평소처럼 무시하고 면박을 줄 수도 없었다. 소율이는 어제부터 말도 걸지 않고 눈이 마주치면 고개를 홱 돌렸다. 윤서는 숨이 막혔다. 산소 호흡기가 필요할 지경이다.

"야, 튀었잖아! 배식할 거면 제대로 해!"

점심시간, 소율이는 손등을 보이며 짜증을 냈다. 소율이의 손등과 소매 끝에 짜장 한 방울이 묻어 있었다. 짜장 배식 당번인 민호가 시큰둥하게 사과했다.

"쏘리."

"그게 미안한 태도야? 미안하면 세탁비 물어내."

"무슨 세탁비?"

"흰옷에 짜장 묻혔으니 세탁비 내야지! 이건 그냥 세탁기에 막 돌리는 옷이 아니라고."

"누가 그런 옷 입고 학교 오래? 밥 먹다가 묻을 수도 있지. 오버하지 마."

"뭐라고? 하긴 네가 옷에 대해 뭘 알겠니? 매일 후줄근한 옷만 입고 다니는 주제에. 임대동 살면서 드라이를 맡겨 봤어야지. 안 그래, 윤서야?"

 어제부터 아무 말도 걸지 않던 소율이가 별안간 윤서에게 동의를 구했다. 그건 소율이가 늘 하던 방식이다. 주로 소율이가 부추기면 윤서가 민호를 공격하는 식이었다. 하지만 오늘 윤서는 차마 소율이 편을 들 수 없었다. 어제 민호가 엄마를 구해 준 장면이 스쳐 지나갔기 때문이다. 평소와 달리 윤서가 아무 호응을 하지 않자, 소율이의 얼굴에 당황한 기색이 역력했다. 그 틈을 타 민호가 강펀치를 날렸다.

"짜장 한 방울 묻어도 드라이 맡길 만큼 돈이 많으면 네 돈으로 맡겨. 거지같이 세탁비 구걸하지 말고."

"뭐? 거지? 진짜 거지가 누구보고 거지래? 집도 없어서 임대동 사는 주제에……."

"이소율!"

소율이의 말이 채 끝나기도 전에 은우가 소리쳤다. 소율이보다 백 배는 큰 목소리에 반 전체가 조용해졌다.

"너 지금 그게 친구한테 할 소리야? 당장 사과해!"

역시 소율이는 소율이다. 은우에게 눈 하나 깜짝 안 하고 대답했다.

"최민호가 먼저 제 옷에 짜장을 묻혔어요."

"일부러 그런 게 아니라 배식하다 한 방울 튄 거예요. 사과도 했어요."

민호가 은우에게 변명하듯 말하자 소율이도 질세라 변명을 덧붙였다.

"진심 어린 사과도 아니었어요. 그리고 세탁비도 안 준다고 했어요."

"이소율, 배식하다 음식이 튈 수도 있지. 사과도 했다며. 반 친구끼리 무슨 세탁비를 줘? 그거보다 이소율 네 말이 더 나빠. 너 어떻게 그런 심한 말을 아무렇지 않게 해? 그게 어린이가 할 말이야?"

은우는 터져 나오는 분노를 애써 참으며 혼냈다.

"왜 저한테만 그러세요? 이것도 차별 아니에요?"

"너 진짜 혼 좀 나야겠다! 끝나고 남아."

항상 소율이 편을 들던 윤서가 입을 꾹 다물자, 상황은 역전되었다. 반 아이들이 오히려 소율이 흉을 보기 시작한 것이다.

"집 좀 잘살면 뭐 하냐? 인성이 거지인데."

"이소율 진짜 너무 심해. 말끝마다 돈돈거리고. 너무 싫어!"

자기 귀에 다 들릴 정도로 아이들이 수군대자, 천하의 소율이도 귀가 빨갛게 달아올랐다. 한순간에 공공의 적이 된 것이다. 교실이 숨 막히는 건 윤서만이 아니었다.

소율이는 빨개진 얼굴로 고개를 숙이고 있더니, 마지막 종이 치자마자 제일 먼저 교실을 뛰어나갔다.

학교가 끝나고 집으로 가면서 윤서는 저 앞에 보이는 민호의 뒤를 따라갔다. 민호가 들어간 다음에 들어가면 들키지 않겠지? 그 마음을 아는지 모르는지 민호는 자꾸만 가다가 멈춰 섰다. 운동장에서 공도 한 번 차 보고, 문구점 앞에서 뽑기도 하고, 길 가던 아이들과 이야기도 했다. 그래도 윤서는 민호를 앞질러 가지 못했다. 그러다 쪽문으로 들어가는 걸 들키기라도 하면 어쩌나 하는 걱정 때문이다. 느릿느릿 민호 뒤를 따라 드디어 아파트 앞까지 왔다. 둘은 들어가지 못하는 정문에서 한 무리의 아이들이 시끌시끌했다.
"네가 뭔데 난리야? 이 아파트 지킴이라도 되냐?"
아이들 무리에 빙 둘러싸여 눈만 치켜뜨고 있는 건 바로 소율이였다.
"남의 아파트에 왜 몰래 들어오는데?"
"뭘 몰래 들어와? 여기가 지름길이니까 문이 열린 김에 들어온 거지."

"입주민 아니면 못 들어온다고 몇 번을 말해!"

소율이가 빽 소리를 질렀지만, 아이들은 그걸 따라 하며 히죽히죽 웃었다.

"네가 여기 경비원이냐? 자기가 뭔데 이래라저래라야? 아파트 부심 되게 부리네."

"그러게. 별것 아닌 걸 가지고. 진짜 어이없다."

"쟤, 작년에 학폭 신고 받았어. 얼굴 봐라, 심술이 덕지덕지."

"쟤네 엄마도 진상으로 완전 유명하잖아."

떼로 공격하니 소율이도 당할 재간이 없었나 보다. 눈에서 금방이라도 눈물이 떨어질 것 같았지만 억지로 눈을 부릅뜬 모습이었다.

"그만해! 부모님 욕하는 게 제일 나쁘댔어!"

몇 발짝 떨어져서 지켜보던 윤서가 버럭 소리를 질렀다. 그 소리에 아이들보다 소율이가 더 놀란 눈치다.

"치사하게 여럿이 한 명 공격하고! 이거야말로 학폭이야! 너희 몇 학년 몇 반이야? 내가 신고할 거야!"

앙칼지게 쏘아붙이는 윤서의 기세에 눌렸는지 아이들은 입을 삐죽거리며 흩어졌다. 그제야 소율이는 깊은숨을 내쉬고 윤서를 쳐다보았다.

"왜 착한 척이야?"

소율이의 말을 듣는 순간, 윤서는 깨달았다. 사람은 고쳐 쓰는 게 아니라던 말이 진리라는 것을. 소율이를 바라보던 윤서는 아무 말 없이 쪽문으로 발길을 옮겼다. 정말 구제 불능이야. 왜 저런 애한테 빌붙어서 안간힘을 썼을까. 그깟 임대동이 뭐라고. 소율이 옆에 붙어서 정문으로 아무리 들어간다고 해도 임대동에 사는 게 변하는 것도 아닌데 말이다. 소율이에 대한 미움보다는 자기 자신에 대한 자책이 컸다. 윤서가 주머니에 손을 넣자, 어제 넣어둔 깨진 향수병이 손에 잡혔다. 휴지에 싼 향수병을 꺼내 앞에 보이는 쓰레기통에 집어넣었다. 코에 손을 대 보니, 아직도 희미한 향이 남아 있다.

쪽문 손잡이를 막 잡으려는데 누군가의 손이 보였다. 고개를 들어 보니 민호였다. 민호와 윤서는 동시에 손잡이를 잡고 있었다. 둘은 아무 말 없이 서로를 바라보다

동시에 손을 뗐다. 윤서는 보란 듯이 쪽문을 열었다. 그리고 둘은 쪽문 안으로 들어갔다. 공동 현관을 지나 엘리베이터를 타고 내릴 때까지 서로 아무 말도 하지 않았다. 그렇게 윤서는 집으로 돌아왔다.

소파에 앉아 깊은 한숨을 내쉬는데 메시지 알림이 울렸다.

띠링.

> 아까 내 편 들어 줘서 고마워.

뜻밖에도 소율이였다. 지금껏 한 번도 듣지 못한 말이었다.

'쳇, 병 주고 약 주네.'

그전처럼 윤서는 답장도 하지 않고 휴대폰을 휙 던졌다. 그래 놓고 찜찜한지 시선은 자꾸만 소파 귀퉁이의 휴대폰으로 향했다.

띠링.

> 잠깐 우리 집 앞으로 나올래?

소율이의 연이은 메시지에 윤서가 마지못해 답을 했다.

> 나 바빠.

> 그럼 내가 너희 집 앞으로 갈게. 잠깐이면 돼.

소율이가 윤서네 집 앞으로 온 적은 단 한 번도 없었다. 오라고 한 적도 없지만 무엇이든 윤서가 소율이에게 맞췄다. 그런데 소율이가 온다고? 잠시 뒤, 다시 윤서에게 메시지가 왔다.

> 나 131동 앞이야. 잠깐만 나와 줘.

'임대동'이라고 안 하고 '131동'이라고 했다. 처음이었다. 마음 같아서는 끝끝내 모른 척하고 싶었지만, 시녀 생활이 몸에 배었는지 어느새 신발을 신고 밖으로 나갔다. 하지만 마지막 자존심을 지키고 싶어 뛰지는 않았다.

"무슨 일인데?"

일부러 시큰둥하게 묻자, 소율이가 놀란 듯 시선을 떨

구었다. 잠깐 동안 신발 끝을 내려다보던 소율이가 입을 열었다.

"아까 내 편 들어 줘서 고맙다고."

"그건 아까 메시지 보냈잖아."

"그 말을 처음에 하고 싶었는데 나도 모르게 이상한 말이 튀어나왔어."

"왜 착한 척이냐고 한 거?"

"어."

'그게 네 본심이니까 그렇지.'라는 말이 입 밖으로 튀어나올 뻔했지만, 윤서는 가까스로 참았다. 기죽은 소율이에게 똑같이 갑질을 하고 싶지 않았다. 그동안 아무리 당했어도 이건 좀 치사하다.

"일부러 그런 것도 아닌데 향수병 깨뜨렸다고 화낸 것도 미안해."

"……."

"내가 등하교할 때 같이 안 해서 화났어? 그래서 최민호랑 싸울 때 내 편 안 들어 준 거야?"

소율이의 질문에 기가 찼다.

"야, 나도 최민호랑 똑같은 임대동에 살아. 그런데 내가 어떻게 민호를 무시해?"

"뭐?"

뜻밖이라는 표정으로 소율이가 쳐다보았다.

"나도 임대동 살잖아. 그런데도 너는 늘 내가 최민호 무시하게 은근히 부추겼잖아. 그러니까 나도 똑같아."

소율이는 다른 사람이 된 윤서를 보고 놀라 입이 딱 벌어졌다.

"너, 너 지금 애들이 나 공격한다고 너도 그러는 거야?"

소율이가 입을 씰룩이며 물었다.

"그런 거 아니야. 하지만 이제 더 이상 네 옆에서 시녀 노릇은 하지 않을래. 쪽문으로 다녀도 괜찮아."

윤서는 이렇게 말하고 돌아섰다. 속이 후련할 것 같았지만 여전히 마음 한구석이 찜찜했다. 이제 매일 아침 더 일찍 일어나서 쪽문으로 나가 빙 돌아 학교에 가야 한다. 키즈 카페와 수영장도 갈 수 없다. 게다가 윤서도 임대동에 산다는 사실이 밝혀지는 건 시간문제이다. 에잇, 뭐,

어때.

"야, 정윤서!"

뒤에서 소율이가 크게 불렀다.

"너 진짜 나랑 끝낼 거야?"

그래도 윤서는 돌아보지 않았다. 공동 현관 비밀번호를 누르는데 소율이의 목소리가 등 뒤에 꽂혔다.

"그 문이라도 있어야 네가 내 옆에 있을 줄 알았어!"

이건 또 웬 뚱딴지같은 소리지?

"출입문 갑질이라도 해야 네가 날 필요로 하니까! 너까지 없으면 나 진짜 친구 하나도 없단 말이야! 흑흑!"

소율이는 울면서 악을 썼다. 저런 말을 왜 화내면서 하는 거지? 갑질하는 게 친구로 두기 위해서라니 말도 안 되는 소리다. 그러면서도 윤서는 소율이의 눈에서 뚝뚝 떨어지는 눈물을 외면할 수 없다. 이유는 윤서도 모른다.

"가지 마! 가지 마, 윤서야! 가지 말라고! 미안해! 미안하다니까!"

아무래도 소율이에게 사과하는 법을 제대로 알려 줘야 할 것 같다. 그제야 윤서는 뒤를 돌아보았다.

결정 장애

"선생님, 오늘 독서록 제출하는 날인데 제가 걷어 올까요?"

서아가 은우에게 다가와 물었다. 서아는 학급 회장이다. 열두 살밖에 되지 않았는데도 어찌나 야무지고 똑똑한지 '이래서 회장이구나.' 고개가 끄덕여진다. 거기다 예의도 바르고 교우 관계도 좋았다. 은우는 서아를 볼 때마다 초등학교 시절 짝사랑했던 부반장이 떠오르곤 했다.

"시연아, 무슨 일 있어?"

시연이가 학교에 오자마자 엎드리자, 서아가 물었다. 고개를 든 시연이의 얼굴이 벌겋다. 한바탕 울고 난 얼굴이다.

"아침에 언니가 내가 자기 립밤 가져갔다고 내 방을 뒤지잖아. 난 손도 안 댔는데. 그래 놓고 미안하다는 말도 안 해. 내가 자기 방에 들어가면 난리 떨면서."

"진짜? 시은 언니 너무하다."

서아가 편을 들어 주자, 시연이는 더욱 씩씩댔다.

"완전 자기 멋대로야. 그렇게 이기적인 인간은 세상에 없다니까. 서아 너는 외동이라 좋겠다. 언니 따위 없었으면 좋겠어."

"에이, 그래도 언니가 있으면 좋은 점도 있잖아."

"없어. 외동인 거 너무 부러워."

"그렇긴 하지만……."

서아는 말끝을 흐리며 시연이를 달랬다.

"끝나고 우리 떡꼬치 먹을래? 내가 살게."

서아의 말에 시연이는 금세 입가에 미소가 번졌다. 수업이 끝나고 시연이와 서아는 손을 잡고 학교 근처의 분식집으로 향했다. 교문을 나서며 휴대폰을 켜자, 서아의 휴대폰이 마구 울리기 시작했다.

띠링, 띠링, 띠링.

> 서아야, 큰일 났어. 서준이가 집 앞에서 사라졌어.

엄마의 메시지였다.

"무슨 휴대폰 켜자마자 그렇게 울려 대냐? 인기 많네."

"저, 시연아. 미안한데 나 먼저 가야 할 거 같아. 엄마가 일이 생겨서 집에 빨리 오래. 미안해. 떡꼬치는 내일 먹자!"

시연이가 볼까 봐 휴대폰을 얼른 덮고 서아가 말했다. 못내 아쉬워하는 시연이를 두고 서아는 부리나케 집으로 뛰어갔다. 집으로 달리는 내내 주위를 두리번거리는 것도 잊지 않았다. 혹여나 서준이가 근처에서 헤매고 있는 것은 아닌지 확인해 봐야 했다.

서아에게 서준이는 감추고 싶은 비밀이다. 서아보다 3

살 어린 서준이는 자폐아다. 알 수 없는 말을 중얼거리고 대화가 통하지 않고 자기만의 세계에 갇혀 산다. 어디로 튈지 모르기 때문에 엄마는 서준이와 늘 붙어 있어야 한다. 힘은 또 어찌나 센지 떼를 부리면 엄마도 제어하기 어려울 정도다. 서준이가 아무리 때리고 화를 내도, 서준이에게 엄마를 뺏겨도, 서아는 아무 말도 할 수가 없다. 어차피 서준이는 대화가 안 통하고, 그런 서준이에게 인생을 모두 빼앗긴 엄마가 너무 불쌍했기 때문이다.

헉헉거리며 주위를 살피던 서아는 생각했다. 정말 서준이를 잃어버렸으면 어떡하지? 서준이가 없어졌으면 하고 바랐던 내 소원을 신이 들어준 것은 아닐까? 서준이만 없다면 우리 가족도 평범하고 행복하게 살 수 있을 텐데.

"바보다, 바보."

"완전 장애인이야. 이상한 말을 중얼거려."

한 무더기의 아이들이 웅성거리는 소리가 들렸다. 고개를 돌려 보니 문구점 앞에서 여러 명의 아이들이 둘러서 있다. 직감적으로 저 안에 서준이가 있다는 것을 느낄 수 있었다. 모르는 아이들이 서준이를 괴롭히는 모습을 보자, 서아는 화가 치밀었다.

"너희 뭐 하는……."

목소리를 높이려던 서아는 그만 말을 꿀꺽 삼키고 말았다. 바로 옆 골목에서 시연이가 나왔기 때문이다.

"어? 서아야, 아까 집에 빨리 가야 한다고 하지 않았어?"

"어, 어. 엄마 심부름 때문에……."

"근데 쟤, 장애인인가 봐. 웃긴다."

시연이는 아이들에게 둘러싸인 서준이를 힐끔 보며 말했다. 서아는 애써 모른 척 다른 곳을 보았다. 혹시라도 서준이가 알아보면 어떡하나 가슴이 콩닥거렸다.

"나 빨리 가야 해. 갈게!"

"같이 가. 나도 그쪽이야."

시연이가 팔짱을 끼며 서아에게 붙었다. 그사이 아이들은 서준이를 더 괴롭히고 있었다. 못 본 척하려고 해도 저절로 서준이에게 눈길이 갔다. 서아와 서준이의 눈이 마주쳤다. 그때였다.

"야, 이 녀석들아! 지금 뭐 하는 짓이야!"

익숙한 목소리의 불호령이 떨어졌다. 엄마 목소리가 등 뒤에서 들리자, 서아는 냅다 앞만 보고 뛰었다.

"서아야, 같이 가!"

시연이가 뒤따라왔지만, 서아는 돌아보지 않았다. 무작정 앞만 보고 달렸다. 시연이가 따라올까 봐, 서준이가 따라올까 봐, 엄마가 따라올까 봐 달리고 또 달렸다.

저녁때가 다 되어서야 서아는 집으로 돌아왔다. 엄마의 전화가 몇 번 왔지만 차마 받을 용기가 나지 않았다. 집에도 들어가고 싶지 않았지만 어두워지니 갈 곳이 없어 어쩔 수 없이 돌아와야 했다.

"왜 이렇게 늦었어? 엄마가 서준이 찾았다고 몇 번이나 연락했는데. 어서 밥 먹어."

후, 아까 엄마가 못 본 게 분명하다. 서준이가 엄마에게 서아를 보았다고 먼저 이를 일은 절대 없다. 아무렇지 않게 식탁에 앉았다. 밥을 먹고 싶은 생각은 없었지만, 방으로 들어가면 이상하게 보일까 봐 어쩔 수 없었다.

"초등학교 애들이 서준이를 둘러싸고 괴롭히고 있더라. 나쁜 녀석들! 애고 어른이고 어쩜 그렇게 이기적이고 못

됐는지. 너희 학교 엄마들이 단체로 시위해서 특수 학교 설립 막고 있잖아. 장애인이 무슨 범죄자인 줄 아나!"

 엄마는 분에 찬 목소리로 말했다. 서아네 동네에 특수 학교가 들어오려고 했지만, 주민들의 반대로 계속 미뤄지고 있었다. 엄마는 다른 엄마들에게 빌어도 보고 사정도 해 봤지만, 주민 연합은 끄떡도 하지 않았다. 장애인들이 돌발 행동을 해서 위험한 일이 생길 수 있다는 주장이었다.

 "아까 경찰에 신고하려다가 참았어. 글쎄 서준이한테 돌을 던지지 뭐니."

 "돌을 던졌다고?"

 서아는 깜짝 놀라 서준이를 돌아보았다. 서준이는 장난감을 가지고 구석에서 놀고 있었다. 모르는 아이들에게 둘러싸여 조롱당하던 모습이 겹쳐 보였다. 밥이 넘어가지 않았다.

 다음 날 아침, 여느 때처럼 엄마는 서준이와 아침 전쟁을 끝내고 먼저 집을 나섰다. 서준이가 다니는 특수 학교는 집에서 한 시간이 넘는 거리에 있기 때문이다. 출근 시간을 피해 출발해야 하기에 서준이와 엄마는 새벽부터 일어난다. 또 서준이를 씻기고 먹이는 데만 한 시간이 넘게 걸린다. 그 전쟁을 하는 동안 서아도 일어난다. 엄마와 서준이가 나간 자리를 정돈하고 밥을 먹고 설거지까지 한 뒤 등교한다. 힘든 엄마를 위해 스스로 시작한 일이지만 가끔은 서아도 지친다. 게다가 어젯밤에는 이런저런 생각을 하느라 늦게 자서 그만 늦잠을 자고 말았다.

"왜 이렇게 늦었어?"

수업 종이 울리는 동시에 교실로 들어온 서아를 보고 시연이가 물었다. 서아는 아무 말도 못 하고 얼른 자리에 앉았다.

"서아야, 오늘 떡꼬치 먹으러 갈 거지?"

쉬는 시간에 시연이가 물었지만 서아는 또 아무 말도 할 수 없었다. 어제 시연이가 서준이를 보며 장애인이라고 웃긴다고 했던 말이 맴돌았다.

"서아야, 안 가? 진짜?"

시연이는 서아를 콕콕 찌르며 장난치다 그만 옆에 있던

찬영이의 필통을 쳤다. 필통에 있던 필기구가 와르르 바닥으로 쏟아졌다. 평소 시연이와 사이가 좋지 않던 찬영이의 얼굴색이 대번에 달라졌다.

"야! 빨리 안 주워?"

찬영이가 벌컥 화를 내자 시연이도 쏘아붙였다.

"실수로 칠 수도 있지! 뭘 그렇게까지 화를 내냐?"

"빨리 주워. 잘못한 주, 주제에 뻔뻔하긴."

"뭐야? 너 완전 인성 장애야."

"뭐라고? 모, 못생긴 주제에."

"그러는 너는 장애인같이 생겼어. 말도 더듬는 게 딱 장애인이다. 맞다, 어제 본 그 장애인……."

"그만해."

"응? 뭐라고?"

서아가 정색하자, 시연이는 깜짝 놀라 되물었다.

"네가 잘못한 거잖아."

서아가 딱 잘라 말하자 시연이의 얼굴은 금세 달아올랐다. 새빨개진 얼굴로 찬영이와 서아를 노려보던 시연이는 입을 꼭 다문 채 바닥에 떨어진 필기구를 주웠다. 그날

하루 종일 서아와 시연이는 서로 아무 말도 하지 않았다. 서아는 혹시 시연이가 말을 걸까 봐 학교가 끝나자마자 교실을 나섰다. 늘 함께 집으로 가던 두 사람이었다. 서아는 누구도 말을 걸지 못하게 빠른 걸음으로 걸었다. 뛰는 건지 걷는 건지 분간이 안 갔다. 숨이 턱에 닿았을 때야 겨우 발걸음을 멈췄다.

"후유!"

앞만 보고 걷던 서아가 시선을 위로 돌렸다. 파란 하늘이 보였다. 며칠 동안 뿌옇던 하늘이 오늘따라 선명했다. 이제야 숨이 가라앉는 것 같았다. 시선을 내리던 서아의 눈에 현수막의 글자가 눈에 들어왔다.

'특수 학교 결사반대! 주민의 생존권을 보장하라!'

"생존권을 보장하라……."

서아는 현수막을 보며 자기도 모르게 중얼거렸다. 생존권이라. 장애인이 다니는 특수 학교가 생기면 주민의 생존이 어려운 걸까? 아니면 특수 학교가 생기지 않으면 장애인 학생과 그 부모의 생존이 어려운 걸까? 어제 아이들에게 둘러싸여 괴롭힘을 당하던 서준이의 모습이 떠올

랐다. 매일 아침 한 시간이 넘는 거리를 운전해서 특수 학교에 데려다주고, 또 데려오는 지친 엄마의 모습도 생각났다. 특수 학교는 도대체 누구의 생존권과 관련이 있는 걸까? 집으로 가는 내내 서아는 생각했다.

"서아야, 엄마 잠깐 급한 일이 있어서 나갔다 올게. 서준이 잠깐만 봐 줘."

서아가 집에 오자 엄마는 서준이를 서아에게 맡기고 황급히 집을 나갔다. 서준이는 거실 구석에서 장난감을 가지고 혼자 놀고 있었다. 식탁 위에는 주스와 고구마가 놓여 있었다.

"서준아, 고구마 먹을래?"

서아가 불렀지만 서준이는 아무 대꾸도 하지 않았다. 서아는 주스를 먼저 들이켠 후 고구마를 하나 집어 서준이에게 다가갔다.

"이거 먹어."

"껍질 싫어. 껍질 싫어."

서준이는 고구마 껍질을 벗겨서 줘야만 먹는다는 사실이 생각났다. 서아는 얼른 껍질을 벗겨 주었다.

"자, 먹어."

서준이에게 고구마를 건네다 고구마가 손에서 미끄러졌다. 서아가 바닥에 떨어진 고구마를 얼른 주워서 다시 내밀자, 서준이가 소리치기 시작했다.

"뭉개졌어! 뭉개졌어! 뭉개졌어!"

"이 정도는 괜찮아. 먹어."

"안 먹어! 안 먹어!"

강하게 도리질하는 서준이를 보자 서아는 갑자기 알 수 없는 화가 치솟았다.

"그냥 먹어! 먹으라고! 왜 너는 항상 네 맘대로야! 왜!"

"안 먹어! 안 먹어!"

서아가 소리치자, 서준이도 덩달아 흥분하여 더 크게 소리를 질렀다.

"그럼 먹지 마!"

"고구마! 고구마! 악! 악!"

서아는 서준이를 거칠게 쏘아붙였고 평소와 다른 서아의 반응에 서준이도 날뛰기 시작했다.

"내가 너 때문에 얼마나 힘든 줄 알아? 그깟 고구마 떨어지면 뭐 어때? 넌 왜 항상 네 멋대로야!"

"네 멋대로야! 네 멋대로야!"

"따라 하지 마! 넌 정말 나빠! 없어져 버렸으면 좋겠어!"

"없어져 버렸으면 좋겠어! 없어져 버렸으면 좋겠어!"

서준이가 자기 머리를 때리며 소리를 지르는데 현관문이 열렸다. 난데없는 고성이 오가자 엄마가 신발도 제대로 못 벗고 허둥지둥 들어왔다.

"홍서아! 너 왜 서준이한테 그래? 서준아, 괜찮아. 괜찮아."

엄마는 서준이를 끌어안고 진정시키려 애썼다. 서준이가 잦아들자, 엄마는 서아를 노려보며 말했다.

"잠깐도 못 봐? 자극하면 더하는 거 몰라?"

"엄마는 알지도 못하면서. 쟤가 먼저 시작했어! 내가 잘못한 거 아니라고!"

"서준이가 너랑 같아? 왜 똑같이 굴어?"

"엄마는 왜 서준이 편만 들어? 나도 아직 어린데 왜 나한테만 그래? 내가 쟤 때문에 얼마나 힘든지 알아? 내가 쟤 때문에 얼마나 창피한지 알아? 내가 쟤 때문에……."

"그래서 애들이 동생을 괴롭히는데 모른 척했어?"

"뭐?"

엄마가 뱉은 한마디에 이성을 잃은 듯 마구 소리치던 서아의 입이 다물어졌다. 어제 엄마는 서아가 모른 척한 걸 다 봤던 거였다. 억울함과 분노로 활활 타오르던 불이 순식간에 꺼졌다. 대신 타닥타닥 남은 재처럼 미안함과 죄책감, 부끄러움이 모락모락 피어올랐다. 그런 서아의 마음을 읽기라도 한 듯 엄마는 더 이상 서아에게 아무 말도 하지 않았다. 그렇게 그날 저녁 내내 엄마와 서아는 서로 말이 없었다.

저녁 8시 30분이 되자 서준이는 평소대로 잠이 들었다. 서준이의 유일한 장점이라면 일찍 잠자리에 드는 것이다. 밖이 조용해진 것을 확인한 뒤 서아는 부엌으로 갔다. 저녁을 먹지 않아 배가 고팠다. 냉장고를 여는데 불이 환하게 켜졌다.

"뭐 찾아?"

엄마였다.

"그냥."

"우리 나가서 뭐 먹을래?"

엄마의 제안에 서아는 잠시 망설였다. 그사이 엄마는 겉옷을 꺼내 입고 서아에게도 옷을 내밀었다. 서아는 못 이기는 척 엄마를 따라나섰다.

봄밤은 생각보다 포근하고 상쾌했다. 그러고 보니 엄마와 단둘이 걷는 게 얼마 만인지. 너무 오랜만이라 기억조차 나지 않는다. 엄마를 독차지할 기회가 하필 이때라는 게 속상할 지경이다. 아이스크림을 사서 하나씩 손에 들고, 엄마는 남은 손으로 서아의 손을 잡았다. 엄마의 손은 봄밤보다 더 따뜻했다. 엄마에게 무슨 말이든 하고 싶었다. 이렇게 우울하고 엉망인 기분이라 하더라도 엄마와 단둘이 하는 봄밤의 데이트가 얼마나 좋은지 말이다.

"내가 어제 서준이 모른 척해서 나 더 미워한 거야?"

불쑥 튀어나온 말에 정작 당황한 건 서아였다. 이런 말을 하려는 게 아닌데 왜 말은 생각과 다르게 나오는 거지? 뇌가 고장이라도 난 걸까?

"뭐?"

"나도 어쩔 수 없었어. 거기 우리 반 애가 있었단 말이야."

"너 아직도 밖에 나가면 외동인 척해?"

"……."

엄마의 물음에 서아는 다시 입을 다물었다.

"내가 너라도 그랬을 거 같아."

예상 밖의 말에 서아가 놀라 엄마를 바라보았다. 화가 나 보이지도 않았고, 슬퍼 보이지도 않았다. 그저 담담하게 앞을 보며 엄마는 말을 이었다.

"우리 서아는 혼자서 다 해내잖아. 자기 할 일은 물론 엄마 일도 도와주고. 다들 엄마보고 서아 같은 딸 있어서 부럽대. 우리 서아가 바로 엄친딸이잖아. 그런데 가족이라고 하는 사람들이 서아를 더 힘들게 하지? 없는 것보다 못하잖아."

"그런 거 아니야."

"그렇게 생각하는 게 나쁜 건 아니야. 사실이니까. 그런데 말이야. 가족은 원래 선택할 수가 없어. 그래서 힘들지. 그래도 이런 일을 겪으면서 우리 가족이 더 단단해질 수도 있지 않을까? 엄마는 네가 서준이 모른 척한 거 이해해. 그래도 정말 위험한 순간에는 챙겨 줄 거지? 서준이 아주 모른 척하지 않을 거지? 버리지 않을 거지……."

마지막 말을 할 때 엄마 목소리에는 울음이 섞여 있었다. 그 모습에 서아의 눈에서 눈물방울이 뚝뚝 떨어졌다.

"서아야, 엄마가 너한테 너무 많은 걸 바라서 미안해. 너도 그냥 열두 살 어린아이일 뿐인데 엄마가 힘드니까 자꾸 너한테 기대게 돼. 미안해."

서아는 아무 말 없이 엄마의 손을 만지작거렸다. 가여운 우리 엄마, 가여운 내 동생, 가여운 우리 가족.

"사람들은 각자 자기만의 방식으로 살아가잖아. 우리 서준이도 그런 건데 사람들은 왜 그걸 이해해 주지 않는 걸까? 그냥 같이 살아갈 수 있게 해 주면 되는데."

엄마는 읊조리듯 중얼거렸다. 아까 낮에 봤던 현수막이 떠올랐다.

'주민의 생존권을 보장하라!'

다음 날, 서아는 등굣길에 시연이와 마주쳤다. 시연이는 보자마자 입을 샐쭉하며 앞서 걸어갔다.

"시연아!"

용기 내어 부르자 시연이가 돌아보았다. 서아는 시연이에게로 다가갔다.

"미안해."

서아의 말에 시연이의 입이 또 한 번 삐죽거렸다.

"미안해. 넌 항상 내 편 들어 줬는데 어제 나는 그러지 못했어."

서아의 사과에 시연이의 표정이 한결 누그러졌다.

"어제 네가 그렇게 말해서 솔직히 서운했어. 아니, 상처 받았어. 난 네가 박찬영 좋아해서 그런 줄 알았어."

"뭐? 아니야. 내가 무슨 박찬영을 좋아하냐?"

"그럼 왜 그런 거야?"

"그 장애인이 내 동생이야."

"응?"

느닷없는 서아의 고백에 시연이는 이게 무슨 말인가 싶어 고개를 갸웃거렸다.

"그저께 봤던 그 장애인이 내 동생이라고. 그래서 네가 박찬영보고 장애인같이 생겼다고 했을 때 화가 났어."

"너 동생 있었어? 외동이라고 했잖아."

"거짓말이야. 장애인 동생 있다고 놀림받을까 봐 거짓말했어."

시연이는 눈만 껌뻑거릴 뿐 아무 말도 하지 않았다.

"미안해. 그동안 용기가 없어서 말하지 못했어."

가만히 듣고 있던 시연이는 이내 학교 안으로 들어갔다. 서아도 따라 들어갔다. 그날도 시연이와 서아는 서로 말이 없었다.

"잠깐 얘기 좀 해."

점심을 먹고 나서 시연이가 먼저 서아를 불렀다. 둘은 운동장으로 나가 계단에 앉았다. 두 뼘쯤 떨어져 앉았다.

"저기, 아까는 너무 당황해서 무슨 말을 해야 할지 몰랐어."

시연이가 먼저 입을 뗐다.

"네 동생인 거 모르고 한 말이지만 미안해. 나쁜 의미로 한 건 아니었는데. 아니, 나쁜 의미였지. 어쨌든 미안해. 처음에는 네가 나한테까지 거짓말했다는 게 너무 서운하고 괘씸했는데 생각해 보니 내가 그런 나쁜 말을 했는데 어떻게 나한테 그런 얘기를 할 수 있겠어. 앞으로는 조심할게."

생각지도 못한 시연이의 말에 서아는 어리둥절했다. 이렇게 쉽게 사과한다고? 이렇게 쉽게 변한다고? 조롱 섞인 말로 장애인을 무시하던 시연이가 한순간에 태도를 바꾸는 게 너무나 이상했다.

"아무 생각 없이 썼던 말이었는데 다시 생각해 보니 너무 심했던 것 같아. 장애인이 뭘 잘못한 것도 아닌데. 아, 장애인이라는 말은 써도 되니?"

서아가 고개를 끄덕였다.

"너도 사과했고 나도 사과했으니까 우리 다시 잘 지내자. 응?"

어색하게 미소 짓는 시연이를 보며 서아도 따라 웃었다. 그 모습을 보고 시연이가 옆으로 다가앉았다. 두 뼘쯤 떨어졌던 사이가 손가락 두 마디쯤으로 가까워졌다.

"그럼 너 오늘은 떡꼬치 사는 거다?"

"그래, 떡꼬치에 슬러시까지 쏜다."

"앗싸!"

"야! 빨리 와. 담임 쌤이 아이스크림 쏜대!"

현관 앞에서 이안이가 소리쳤다. 서아와 시연이는 얼른 일어나 교실로 뛰어 들어갔다. 교실에서는 이미 은우가 아이스크림이 든 봉지를 들고 아이들에게 나눠 주고 있었다.

"초코 맛이랑 딸기 맛이야. 뭐 먹을 거야?"

"아, 뭐 먹지? 둘 다 맛있을 것 같은데."

"너 결정 장애야? 빨리 골라."

아이들이 무슨 맛으로 먹을지 고민하며 재깔거렸다.

"선생님, 결정 장애라는 말도 나쁜 말이죠?"

"응?"

난데없는 서아의 말에 은우가 눈을 끔뻑거렸다.

"결정을 잘 못 내리는 걸 나쁘게 말하는 거니까 장애를 나쁘게 보는 거잖아요."

은우는 한참을 생각했다. 그사이에 아이스크림은 모두 동이 났다.

"그래, 서아 말이 맞다. 결정 장애라는 말은 결정을 내리지 못하는 모습을 장애와 연관 지은 거니까 혐오 표현이라고 할 수 있겠다."

"혐오 표현이요?"

시연이가 깜짝 놀라 물었다.

"응, 혐오 표현은 누군가를 나쁘게 말하기 때문에 결과적으로는 그 집단에 대해 부정적인 생각이 들게 해. 결국 그것이 사회적인 차별로 이어지고. 서아 말처럼 결정 장애는 나쁜 말이 맞아."

"웃자고 한 말인데 그렇게 나빠요?"

이안이가 묻자, 서아가 얼른 대답했다.

"아무 생각 없이 말하는 사람은 재미있지만 듣는 사람 중에는 상처받는 사람도 있으니까."

서아의 말에 은우가 끄덕였다.

"말에는 힘이 있어. 그게 내가 워드워치를 개발한 이유이기도 해. 우리 앞으로는 그냥 결정하기 어렵다고 하자."

"네! 그런 말 절대 안 쓸 거예요!"

시연이가 큰 소리로 외쳤다. 그제야 서아의 얼굴에도 미소가 환하게 퍼져 나갔다. 아이스크림은 달고 시원했다.

한국인만 사는 나라

 흔히 무엇을 정할 때 공평한 방법이라 여기는 제비뽑기는 과연 정말 공평한 걸까? 사람들에게 주어진 운은 제각각 다른데, 이 운에 맡긴다는 것이 너무나 불공평한 것은 아닐까? 부자 부모, 잘생긴 얼굴, 똑똑한 머리, 건강한 신체까지 우리는 태어날 때부터 서로 다른 운을 갖고 태어나는데, 불공평한 운에 맡겨 무엇을 정한다는 게 따지고 보면 얼마나 불공평한 일인가?
 짝꿍을 바꾸기로 한 날, 아이들에게 제비뽑기를 하게

하면서 은우는 생각했다. 그렇지만 제비뽑기 말고는 딱히 더 좋은 방법이 생각나지 않기에 모든 자리에 번호를 매겨 짝을 정했다. 아직 새 학년이 시작된 지 얼마 지나지 않아 불평하는 아이들보다는 친한 친구와 떨어진 것을 서운해하는 아이들이 많았다.

"너 지방에서 살다 왔지? 경상도?"

새로운 짝꿍 동훈이에게 은찬이가 말을 걸자, 동훈이는 약간 경계하는 듯한 표정으로 쳐다보았다.

"우리 고모가 경상도에 살거든. 말투가 비슷한 거 같아서."

은찬이가 씩 웃으며 살갑게 대하자, 동훈이의 경계심도 살짝 누그러졌다.

"너 야구 좋아하지? 저번에 운동장에서 야구공 던지는 거 봤는데 제법이더라."

은찬이가 야구 이야기를 꺼내자 동훈이의 표정이 환해졌다.

"너도 야구 좋아해? 난 두산 팬이야."

"와, 나도! 나 작년에 결승전도 보러 갔잖아!"

야구라는 공통 화제에 서먹하던 두 아이는 금세 가까워졌다. 둘은 매일 학교가 끝나고 30분씩 공 던지기 연습을 하기로 했다. 토요일에 있을 개막전도 집에서 함께 보기로 약속했다. 마음이 잘 맞는 친구를 사귄 것 같아 은찬이는 기분이 좋았다.

집으로 돌아온 은찬이는 문을 열고 들어서면서 뭔가 이상한 기운을 감지했다. 이 시간에 엄마 아빠 둘 다 집에 있는 것부터 이상한 일이었고, 할아버지는 넋이 나간 것처럼 멍하니 소파에 앉아 있었다. 모두 아무 말도 하지 않았다.

"엄마랑 아빠가 이 시간에 웬일이야?"

은찬이의 말이 허공에서 안개처럼 사라졌다.

"내가 죽어야지. 늙으면 죽어야지."

할아버지는 혼잣말로 중얼거렸다. 하지만 엄마도, 아빠도, 그 누구도 왜 그런 소리를 하시냐고 말하지 않았다. 집 안 공기는 한없이 무거웠다.

그날 밤, 침대에 누워 있을 때 엄마 아빠의 대화 소리가 고스란히 전해졌다.

"아니, 아무리 다급해도 그렇지. 어쩌자고 그렇게 큰돈을 아무 생각 없이 보내."

엄마의 불만이 터져 나왔다.

"보이스 피싱, 말만 들어 봤지 이렇게 당할 거라고는."

"이제 어떡해? 경찰에서도 잡기 힘들다잖아. 이천만 원이 얼마나 큰돈인데 그걸……."

"당신 목소리랑 똑같았다니까 놀라서 돈부터 보내신 거지."

"하여튼 조선족이 문제야. 아니, 말투부터 이상하면 바로 알아챘어야지. 그래서 내가 가사 도우미도 조선족은 안 뽑았던 건데. 절대로 믿으면 안 돼. 순 사기꾼들……."

엄마는 훌쩍이며 울기 시작했다. 엄마 아빠의 대화를 추측해 보자면 할아버지는 조선족의 보이스 피싱 전화를 받고 다급하게 돈을 보낸 것이다. 조선족은 도대체 어떤 사람들이길래 사기를 치고, 가사 도우미로도 안 뽑을 만큼 위험한 걸까? 중국에 사는 같은 민족이라면서 왜 가족을 사칭해 할아버지에게 사기를 친 걸까? 생각할수록 괘씸하다. 엄마 말대로 조선족은 절대 믿지 말아야지. 그런 생각을 하다 은찬이는 까무룩 잠이 들었다.

 다음 날은 새 가사 도우미 아주머니가 오는 날이었다. 엄마는 할아버지에게 아주머니를 잘 지켜보라고 신신당부했다. 조선족이기 때문이다. 조선족은 안 된다던 엄마도 가사 도우미를 구하기가 어려워지자 어쩔 수 없었다. 요즘 한국 사람들은 힘들고 어려운 일을 잘 안 하려고 한다고 했다. 게다가 깐깐한 엄마의 마음에 들 만큼 집안일을 잘하는 사람을 찾기란 하늘의 별 따기였다. 엄마의 까탈스러운 요구를 들어주기 어렵다고 도우미 아주머니가 먼저 그만두는 일이 잦았다.
 학교에서 돌아오자 모르는 아주머니가 열심히 청소를 하고 있었다. 할아버지는 소파에 앉아 아주머니의 일거수일투족을 살펴보고 있었다. 은찬이는 식탁에 앉아 간식을 먹으며 곁눈질로 아주머니를 훔쳐보았다. 열심히 일하는 모습에서 특이한 점은 보이지 않았다. 그냥 평범한 아주머니였다. 험상궂거나 음흉해 보이기는커녕 간혹 은찬이를 보며 슬며시 미소 짓는 모습이 따뜻해 보이기까지

했다.

'절대로 믿으면 안 돼!'

속으로 엄마의 말을 되뇌며 은찬이는 자기도 모르게 고개를 저었다. 오늘은 학원 안 가는 날이니까 동훈이한테 연락해서 캐치볼을 하자고 할까? 은찬이는 동훈이를 생각하며 슬며시 웃었다. 아직 친한 친구가 없었는데 동훈이는 꽤 괜찮은 녀석이다. 운동도 잘하고 성격도 둥글둥글하다. 무엇보다 같은 두산 팬이라는 점에서 동훈이가 정말 마음에 든다.

"우리 할아버지, 보이스 피싱 당했다."

운동장에서 동훈이와 공을 주고받던 은찬이가 말을 꺼냈다.

"보이스 피싱? 전화로 사기 치는 거?"

"어, 이천만 원이나 뜯겼대. 어떻게 그런 거에 속지? 아무튼 그래서 우리 집 난리 났어. 우리 엄마도 막 울고."

"어떡하냐. 진짜 속상하시겠다."

보이스 피싱 이야기는 다음 날 수업 시간에서도 이어졌다. 학교에서 보이스 피싱 범죄 예방을 위한 안내문이 내

려왔기 때문이다.

"그러니까 너희들도 휴대폰으로 모르는 링크 받으면 절대 누르지 마. 누르는 것만으로도 돈이 빠져나가기도 하니까."

은우가 아이들에게 당부하자 여기저기서 경험담이 쏟아져 나왔다.

"저희 삼촌이 보이스 피싱 당한 적 있어요."

"제 친구도 당할 뻔했어요."

"우리 엄마도 내 휴대폰 고장 났다는 문자 받고 신분증 찍어서 보낼 뻔했대요."

"저기, 우리 할아버지는 진짜로 이천만 원 피해를 봤어요."

"뭐? 진짜?"

"근데 보이스 피싱은 바보나 당하는 거 아니에요?"

소율이가 피식 웃으며 비아냥거리듯 물었다.

"아니야. 요즘 보이스 피싱 범죄가 얼마나 교묘한데. AI 기술로 목소리까지 똑같이 변조해. 그런 말은 피해자들에 대한 2차 범죄와도 같은 거야. 실제로 보이스 피싱을

당한 피해자들은 자책으로 심한 우울증에 걸리기도 하거든. 바보같이 당했다는 사실이 부끄러워 피해 사실을 숨기기도 하고. 그런데 이건 피해자 잘못이 아니야. 사기를 친 가해자가 나쁜 거지 피해자는 잘못이 없어."

은우의 말에 은찬이는 할아버지께 죄송한 마음이 들었다. "늙으면 죽어야지." 하고 읊조릴 때 그런 말씀 마시라고, 그놈들이 잘못한 거라고 왜 편을 들어 드리지 못했을까 후회되었다.

"저희 엄마가 그러는데 그게 다 조선족이 그러는 거래요."

은찬이의 말에 아이들이 맞장구쳤다.

"맞아. 조선족은 죄다 사기꾼이야. 니 내 누군지 아니?"

시호가 영화 속에 나오는 조선족 말투를 우스꽝스럽게 흉내 냈다.

"여보세요? 검찰임다. 지금 당장 예금한 돈을 다른 통장으로 옮겨야 함다."

수현이의 장난에 아이들이 모두 웃음을 터뜨렸다.

"그런 말 하면 안 돼. 조선족이라고 다 사기꾼으로 모는 건 옳지 않아."

은우가 진지한 목소리로 말하던 그때였다.

"박동훈, 조선족 아니야?"

지유의 한마디에 아이들의 시선이 일순간 동훈이에게 쏠렸다. 동훈이는 얼굴이 새빨개져서는 아무 말도 안 하고 그대로 얼어 버렸다. 마침, 쉬는 시간 종이 울렸다. 아이들은 여전히 조선족 말투를 흉내 내며 서로를 놀려 댔다.

"야, 박동훈. 너 진짜 조선족이야?"

짓궂은 아이들이 호기심 반, 장난 반으로 동훈이에게 말을 걸었지만 동훈이는 여전히 아무 말도 하지 않았다. 어떤 마음인지 알 수 없을 만큼 아무 표정도 없었다. 동훈이 앞에서 조선족 말투를 따라 하며 장난을 쳐도 반응이 없었다. 그런 동훈이를 곁눈질로 쳐다보며 은찬이는 혼란스러웠다.

조선족은 절대로 믿으면 안 된다는 엄마, 큰돈을 잃고 많이 힘들어하는 할아버지가 떠올랐다. 사람들에게 피해를 주는 조선족이 짝꿍이자 친한 친구라는 사실이 은찬이를 당황하게 했다. 그런데도 동훈이는 조선족이라고 놀리는 아이들에게 그 어떤 변명도, 분노도 하지 않았다. 그게 은찬이를 더 당황하게 했다. 차라리 난 그런 조선족이 아니라든가 조선족은 그런 나쁜 사람이 아니라든가 무슨 말이라도 했으면 좋겠는데 동훈이는 입을 꾹 다물어 버렸다.

그때부터 은찬이와 동훈이는 각자 한국과 중국에 있는 것처럼 멀어지게 되었다. 더 이상 야구 이야기도, 공 던지기 연습도 하지 않았다. 꼭 필요한 말 외에는 서로 말을 걸지 않았다. 싸운 것도 아닌데 이상한 일이었다.

집에 도착하자 도우미 아주머니뿐이었다. 아주머니는 은찬이를 보자 미소를 지었다.

"왔니?"

은찬이는 아무 말 없이 눈을 내리깔고 방으로 들어갔다. 잘 모르는 아주머니와 단둘이 있는 것도 어색한데 그 아주머니가 하필 절대로 믿으면 안 된다는 조선족이다. 소파에서 종일 아주머니를 감시하던 할아버지는 지겨웠는지 밖에 나가셨나 보다.

똑똑.

"간식 좀 먹을래?"

방문을 노크한 뒤 아주머니는 쟁반을 가지고 들어왔다. 주먹밥과 딸기였다. 은찬이가 가만히 있자, 아주머니는 쟁반을 책상 위에 올려놓고 다시 나갔다. 아주머니가 만들어 준 주먹밥은 동글동글 귀여웠다. 딸기도 가지런히 줄을 맞춰 놓여 있었다.

먹고 싶은 생각이 없었는데 막상 보니 배가 고팠다. 입에 넣고 씹으니 고소하고 맛있었다. 주먹밥을 다 먹었을 때 초인종이 울렸다. 문을 열자, 현관 앞에 택배 상자만 덩그러니 놓여 있었다.

"이게 뭐지?"

호기심에 상자를 열어 보자 작은 카메라였다. 거기에는 CCTV라고 쓰여 있었다.

그날 밤, 엄마는 가족들을 불러 모았다. 그리고 아까 그 CCTV를 보여 주었다.

"앞으로 집에 CCTV를 설치할 거예요. 불편하더라도 이해해 주세요."

"그게 뭐냐? 카메라로 몰래 훔쳐보는 거 아니냐?"

할아버지는 대번에 인상을 찌푸렸다.

"집에 다른 사람을 들이니까 걱정되잖아요. 아버님 방에는 안 둘 테니까 귀중품 있으면 저한테 맡기세요."

"내가 무슨 귀중품이 있겠니. 그런데 집에서 누가 나를 감시하고 있다고 생각하니까 기분이 썩 좋지는 않구나."

"누가 감시해요? 저희는 그거 볼 시간도 없어요. 거실이랑 안방, 은찬이 방에만 설치할 거예요. 만에 하나 무슨 일이 생기면 확인하려는 거니까 너무 신경 쓰지 마세요."

조선족 가사 도우미가 영 찜찜하다던 엄마는 결국 집 안에 CCTV까지 들여놓기로 한 것이다. 은찬이는 집에 떡 버티고 있는 카메라가 자신을 감시하는 것만 같았다. 이제 방에서 몰래 게임하는 것도 끝이다. 혹시 엄마가 저 카메라로 도우미 아주머니가 아니라 게임하는 나를 감시하려는 건 아닐까? 엄마의 속셈을 알 수 없는 은찬이는 애꿎은 CCTV를 노려보았다.

다음 날, 학교에 간 은찬이는 운동장에서 혼자 공을 던지고 있는 동훈이를 보았다. 같이 던지자는 말을 하고 싶었지만, 입이 떨어지지 않았다. 동훈이를 지나쳐 교실로 들어갔다.

1교시는 수학 시간이었다.

"선생님, 약수와 배수 너무 어려워요."

"재미없어요."

아이들이 투덜대자, 은우가 피식 웃으며 말했다.

"얘들아, 수학을 포기하는 수포자가 처음 나오는 학년이 바로 5학년이야. 수학을 문제 푸는 것만으로 생각하면 재미없어. 2022년에 허준이 박사님이 한국인 최초로 수학의 노벨상이라 불리는 필즈상을 수상했어. 그 허준이 박사님은 어렸을 때 구구단 외우는 것도 힘들어했대. 그러니……."

"허준이 박사님은 미국인 아닌가요?"

조선족 얘기가 나온 후 처음 들어 보는 동훈이의 목소리였다. 아이들이 모두 동훈이를 바라보았다.

"응? 그래, 정확히는 한국계 미국인이니까."

"그럼 한국인이 아니라 미국인인데 왜 사람들은 그걸 한국의 자랑이라고 해요?"

"그야 국적은 미국이지만 그래도 우리나라 사람이고 우리 교포니까."

"우리 교포면 다 똑같이 대해야 하는 거 아니에요? 미국 교포는 재미 교포라 하고, 일본 교포는 재일 교포라 하면서 왜 중국에 살면 조선족이라고 무시해요?"

작지만 또렷한 목소리로 동훈이가 묻자, 은우가 당황하여 눈을 껌뻑였다. 아이들이 킥킥거리며 동훈이를 보고 속닥였지만 동훈이는 아랑곳하지 않았다.

"그래, 맞아. 다 똑같은 상황이고 어느 나라인지 다를 뿐인데."

은우가 고개를 끄덕였다. 이번에는 재희가 손을 들고 말했다.

"솔직히 못살아서 무시하는 것 같아요. 대부분 조선족은 가난하다고 생각하잖아요. 그래서 무시하고 만만하게 보는 것 같아요."

듣고 보니 그 말도 맞는 것 같았다. 은찬이는 가사 도우미 아주머니를 떠올렸다. 만약 그 아주머니가 가사 도우미가 아니라 집주인이라면 엄마가 믿지 못하고 CCTV

까지 설치했을까? 은찬이는 캐나다로 이민 간 이모가 생각났다. 이모가 캐나다에서 한국 출신이라는 이유만으로 범죄자 취급을 받는다면 얼마나 속상할까?

은찬이는 다시 곁눈질로 동훈이를 바라보았다. 다시 굳게 입을 다문 동훈이는 어쩐지 슬퍼 보였다. 아니, 억울해 보였다. 어쩌면 화가 나 있을지도 모른다. 동훈이는 사기를 친 적도, 거짓말을 한 적도 없는데 그저 조선족이라는 이유만으로 아이들에게 놀림을 당하고 있다. 내가 동훈이였다면 어땠을까?

"세계화 시대에 국적이라는 것이 그렇게 큰 의미일까? 이제 국적은 개인의 필요와 상황에 따라 선택하는 것이 아닐까 싶다."

은우의 말을 들으면서도 은찬이는 머릿속이 복잡했다. 국적, 교포, 가난……. 수업이 끝날 때까지도 은찬이의 머릿속은 말끔하게 정리되지 않았다.

운동장을 지나던 은찬이는 또 혼자 공을 던지고 있는 동훈이를 발견했다. 말을 걸까 말까, 한참 망설이던 은찬이가 용기를 내어 동훈이에게 다가갔다.

"있잖아."

동훈이가 은찬이를 보자마자 시선을 아래로 향했다.

"저기······."

'내일 우리 집에서 프로 야구 개막전 같이 볼래?'

이 말이 목구멍에서 맴돌았다. 분명 지난번에 둘이 했던 약속이다.

"난 교포라는 말도 싫어."

"응?"

묻지도 않은 동훈이의 말에 은찬이는 멍해졌다.

"사실 교포라고 생각한 적도 없어. 그런데 한국 사람들은 정말 이상해. 부자면 교포고, 가난하면 외노자래. 사기를 치고 범죄를 저지른 사람이 나쁜 거지, 조선족이 다 나쁜 건 아니잖아. 내가 아는 조선족 중에 그렇게 나쁜 사람은 없어. 다들 평범하게 자기 할 일 하며 살아. 근데 조선족이라고 하면 무조건 범죄자로 생각해."

동훈이는 말이 끝날 때까지 은찬이를 바라보지 않았다. 동훈이의 시선은 처음부터 끝까지 발끝을 향해 있었다. 그렇게 자기 할 말을 다 한 뒤 동훈이는 운동장을 빠져나갔다. 동훈이가 사라질 때까지 은찬이는 그대로 서 있었다.
 집에 오니 아주머니가 거실을 청소하고 있었다. 오늘도 할아버지는 보이지 않았다. 아주머니는 정작 아무 생각 없이 일하고 있을지도 모른다. 하지만 은찬이는 CCTV를 볼 때마다 마음이 불편했다. 꼭 아주머니를 믿지 못하는 엄마처럼 보였다. CCTV의 렌즈는 소파에 앉아 아주머니를 감시하는 할아버지의 눈처럼 보였다. 은찬이는 겉옷을 벗어 일부러 CCTV에 걸쳐 놓았다. 은찬이의 속을 모르는 아주머니가 그걸 보고 옷걸이에 제대로 걸었다.
 "아줌마."
 은찬이가 처음으로 아주머니를 먼저 불렀다.
 "응?"
 "저 배고파요."
 은찬이의 말에 아주머니가 미소를 지었다.
 "간식 만들어 줄까?"
 "저번에 그 주먹밥이요."
 "그래."

아주머니는 이내 부엌에서 뚝딱뚝딱 주먹밥을 만들었다. 방에 들어와 주먹밥을 먹으며 은찬이는 휴대폰을 집었다. 게임이나 한 판 할까 하다 시선이 방에 놓인 CCTV로 향했다. 에잇, 엄마의 잔소리가 떠오르자 게임은 포기다. 은찬이는 남은 주먹밥을 입에 넣고 나서 다시 휴대폰을 집었다. 한참을 고민하던 은찬이가 동훈이에게 메시지를 보냈다.

> 내일 우리 집에서 프로 야구 개막전 보는 거 잊지 않았지? 꼭 와!

마지막에 보내기 버튼을 누를까 말까 망설이다 결국 보내기 버튼을 꾹 눌렀다. 마지막 남은 주먹밥까지 꿀꺽 삼킨 후 은찬이는 싱크대에 빈 그릇을 놓았다. 막 일을 마치고 겉옷을 입는 아주머니에게 은찬이가 웃으며 말했다.

"맛있게 잘 먹었습니다."

여성 혐오

 은우가 두루초등학교에 와서 가장 처음 한 실수는 민채를 남자아이로 착각한 것이었다. 짧은 머리에 트레이닝복 차림, 키도 제법 큰 민채는 운동도 잘하고 남자애들과도 잘 어울리기에 당연히 남자애라고 생각한 것이다.
 "남자는 이쪽이야!"
 체육 시간에 두 줄로 줄을 세운 은우는 민채를 잡아끌며 소리쳤다.
 "저 여잔데요?"

황당한 표정으로 은우를 쳐다보며 말하는 민채를 보고, 은우는 "아뿔싸!" 하고 실수를 사과했다.

"미안해. 선생님이 실수했네."

"거봐, 너 남자라니까. 강민채, 빨리 이쪽으로 와. 여자 행세 그만하고."

"쟤가 어딜 봐서 여자냐? 떡 벌어진 어깨에 튼튼한 팔뚝!"

 남자애들은 이때다 싶어 민채를 놀려 댔다. 민채는 일부러 팔을 치켜들며 장난을 쳤지만, 표정이 썩 밝아 보이지 않았다.

 어느 수요일 아침, 교실에 가장 먼저 온 학생은 도현이였다. 도현이는 아무도 없는 틈을 타 민채의 사물함에 무엇인가를 넣었다. 그 모습을 교실에 들어서던 은우가 보게 되었다. 은우가 들어오자 깜짝 놀란 도현이는 아무 일도 없었던 것처럼 은우에게 인사하고 자리에 앉았다. 은우는 굳이 아는 척하지 않았다. 하지만 이내 그게 무엇인지 알게 되었다.

"어? 누가 이거 내 사물함에 넣었어?"

학교에 와서 사물함을 연 민채가 소리쳤기 때문이다. 민채가 꺼낸 것은 하트 무늬의 포장지로 곱게 싼 선물이었다.

"나 오늘 생일인 거 어떻게 알았지?"

민채는 좋아서 입이 벌어진 채로 포장지를 뜯었다. 그러자 귀여운 코알라 인형이 나왔다.

"와, 진짜 귀엽다. 누구야? 이거 누가 준 거야?"

민채는 인형을 끌어안고 주위를 두리번거리며 소리쳤지만, 누구도 나서지 않았다. 모른 척 앉아 있던 도현이의 귀가 점점 빨개졌다.

'제발 그 입 좀 다물어 줘!'

도현이의 귀가 그렇게 외치고 있다는 것을 은우는 느낄 수 있었다.

"바보야, 이거 완전 고백이잖아."

지유가 얘기하자 눈치 없는 민채는 어리둥절한 표정으로 되물었다.

"고백?"

"그래, 잘 봐 봐. 이름 같은 거 분명히 있을 거야."

"그런 거 없는데?"

지유는 민채의 품에 안긴 인형을 요리조리 살펴보았다.

"이거다!"

명탐정 코난처럼 예리한 눈빛으로 인형을 살피던 지유가 소리쳤다. 지유의 손가락이 가리킨 건 인형의 목에 걸린 하트 목걸이였다.

"봐 봐. 여기 이니셜 적혀 있잖아. DH. 분명 이걸 준 애의 이니셜이야!"

지유의 말에 주변 아이들까지도 귀를 쫑긋했다. 지유의 추리에 은우는 웃음이 났다. 어쩌면 저렇게 잘 맞히지? DH, 아니 도현이의 귀는 이제 빨갛다 못해 김이 나올 정도였다. 명탐정 지유는 끝내 범인 검거에 성공하고야 말았다.

지유는 이어서 직접 도현이를 조사했다.

"김도현, 너지?"

"뭐?"

"DH면 네 이니셜 아니야? 아, 맞다. 네 별명이 코알라잖아. 너 맞지?"

그러자 갑자기 민채가 소리쳤다.

"무슨 끔찍한 소리야! 김도현은 내 원수야! 쟤가 나한테 고백한다면 죽는 게 나아!"

모두가 다 듣는 데서 민채가 이렇게 말하자 도현이도 발끈했다.

"내가 미쳤냐? 저런 애를 좋아하게. 무슨 여자애가, 아니 쟤는 여자가 아니라 남자야, 남자!"

도현이가 버럭 소리를 지르자 민채 역시 도현이를 노려보며 쏘아붙였다.

"야! 너, 꿈에서라도 나 좋아할 생각하지 마!"

"우웩!"

늘 그랬듯이 둘은 서로를 못 잡아먹어 안달이 난 것처럼 으르렁거렸다. 도현이가 준 선물이라는 것을 알고 있는 은우는 그 모습에 피식 웃음이 났다.

그러나 도현이와 민채의 전쟁은 그때부터가 진짜 시작이었다. 사랑과 미움은 한 끗 차이라더니 도현이의 사랑은 증오로 변해 버려 사사건건 민채에게 시비를 걸었다.

수업 시간에 민채가 손을 들고 발표를 하면

"야, 강민채! 무슨 여자애가 그렇게 나대냐?"
피구 시합에 민채가 강슛을 날리면
"야, 강민채! 무슨 여자애가 그렇게 힘이 세냐?"
점심시간에 민채가 밥을 먹고 한 번 더 받으면
"야, 강민채! 무슨 여자애가 그렇게 많이 먹냐?"
물론 그 말에 가만히 있을 민채가 아니었다. 둘의 싸움은 강도가 점점 높아졌다.

아이들이 모두 집에 가고 난 오후, 빈 교실에서 일과를 정리하던 은우에게 양 교장의 메시지가 날아왔다.

> 커피 한잔?

은우가 교장실을 향해 텅 빈 복도를 걸어 내려가던 중이었다. 계단 한구석에 누군가 앉아 있는 모습이 눈에 들어왔다. 자세히 보니 민채였다. 민채는 계단에 걸터앉아 휴대폰을 두 손에 쥔 채 부들부들 떨고 있었다.
"민채야, 여기서 뭐 해?"
민채 옆으로 다가간 은우는 깜짝 놀랐다. 늘 씩씩한 민

채가 눈물범벅으로 휴대폰을 노려보고 있었기 때문이다. 은우가 말을 건 줄도 몰랐다.

"민채야, 무슨 일 있어?"

그렇게 말하는 은우의 시선이 민채의 휴대폰 화면으로 향했다.

> 저 커다란 엉덩이 봐라. 돼지 탄내 난다.

> 얼굴에 분화구처럼 솟은 여드름은 또 어쩌고.

> 어딜 봐서 저게 여자냐. 우악스러운 몸집 ㅋㅋㅋ

> 맞아. 여자 같지 않아. 외모는 완전 남자지.

> 평생 남친 없을 예정

5학년 1반 단톡방에서 뛰어가는 민채를 우스꽝스럽게 찍은 사진을 올려놓고, 아이들이 돌아가며 민채의 외모를 조롱하고 있었다.

"이것들이 진짜……."

은우는 민채의 휴대폰을 빼앗듯이 채 가서 글을 작성했다.

> 나 담임인데 지금 이 사진 당장 지워.
> 여기 글 한 줄이라도 쓴 사람은 내일 아침에 8시 30분까지 나한테 와. 이거 캡처했다.

> 그럼 난 교장이다.

> 난 네 엄마

은우가 글을 올렸지만, 댓글은 멈추지 않았다. 화가 난 은우는 본격적으로 싸우려 했지만 민채가 일어나는 바람에 휴대폰을 돌려줘야 했다.

"저 갈게요."

"민채야, 이 단톡방에서 당장 나와. 내가 내일 다 혼내 줄게."

"제가 그렇게 돼지 같아요?"

생각지도 못한 민채의 질문에 은우는 잠시 눈을 껌뻑거렸다.

"응? 아니! 네가 어디가 돼지 같아."

"제가 그렇게 뚱뚱해요?"

"너는 뚱뚱한 게 아니라 딱 적당한 거지. 넌 아무 문제 없으니까 신경 쓰지 말고 집에 가. 내가 쟤네 모조리 혼내 줄 테니까!"

큰소리 땅땅 친 뒤 민채를 보내고 은우는 양 교장에게 갔다. 조금 전 일을 이야기하자, 양 교장의 미간이 찡그러졌다.

"이래서 단톡방은 절대 안 돼. 학교에서 그렇게 단톡방 만들지 말라고 얘기를 해도 학기 초만 되면 꼭 만드는 애들이 있어."

"주동자가 누군지 알 것 같아요. 김도현이라고, 걔가 민채를 좋아해서 얼마 전에 민채 생일날 선물도 몰래 주고 그랬거든요."

"좋아하는데 왜 그런 짓을 해?"

"왜 그런 거 있잖아요. 좋아하면 일부러 괴롭히는."

은우의 말에 양 교장이 단호한 목소리로 말했다.

"그건 좋아하는 게 아니지. 너, 여자 친구 사귈 때 때리고 욕하고 그래?"

"네? 절대 아니죠."

"그래, 좋아하면 잘해 주고 보호해 주고 싶고 그런 거지. 남자애들이 여자애들 괴롭히는 걸 보고 좋아해서 그런다고 하는 건 잘못된 거야."

"그건 그런데 걔는 진짜 민채 좋아해요. 제가 봤어요."

"좋아하는 마음을 몰라줘서 미움으로 바뀌었을지도 모르지. 아니면 좋아하는 여자한테 일부러 장난치고 괴롭혀도 된다고 잘못 알고 있는지도 모르고. 하지만 그건 분명 잘못한 일이고 폭력이라는 걸 꼭 알려 줘야 해. 알았지, 차 선생?"

양 교장의 말대로 은우는 아이들의 잘못을 따끔하게 알려 줘야겠다고 생각했다. 하지만 다음 날, 은우가 말한 대로 8시 30분까지 와서 자기 잘못을 인정한 아이는 아무도 없었다.

"어제 우리 반에서 단톡방을 만들어 같은 반 친구의 사진을 함부로 올리고 조롱하는 일이 있었다. 학교에서는 학생들끼리 단톡방을 만드는 걸 금지하고 있는데 말이지."

 은우는 일부러 엄격한 목소리로 말을 시작했다.

 "사진 올린 사람 손 들어. 지금 자수하지 않으면 선생님이 학교 폭력으로 신고할 거니까. 거기에 댓글 쓴 사람도 다 얘기해. 단톡방에 허락 없이 남의 사진을 올리고 조롱 글 쓰는 건 단순 학교 폭력으로 그치지 않아."

 은우의 말에 겁을 집어먹은 도현이가 슬그머니 손을 들었다.

 '역시 네 녀석이었구나.'

 은우는 매서운 눈빛으로 도현이를 쳐다보았다.

 "제가 사진 올렸어요."

 "불법 촬영에 불법 게시까지 했구나."

 "그냥 장난으로……."

 "그러면 나도 너 몰래 네 사진 올려서 다른 사람이랑 돌아가며 외모 평가 해도 되는 거니?"

 "그건……."

 "사진 보고 댓글 쓴 사람도 다 손 들어!"

 은우의 말에 몇몇 남자애들이 손을 들었다.

"너희는 민채에게 공개 사과하고 반성문 써서 제출해. 다들 휴대폰 꺼내."

"휴대폰이요?"

"선생님이 보는 앞에서 그 사진 다 지워. 그리고 여러분 모두에게 말하는데, 앞으로 세 명 이상의 단톡방을 만들 경우 교칙에 따라 처리할 거야. 주변에서 단톡방을 만든 것을 보면 선생님에게 꼭 알려 주기 바란다."

도현이를 비롯한 남자애들이 일렬로 민채 앞에 섰다.

"민채야, 네 사진 찍어서 올린 거 미안해."

"네 사진 보고 나쁜 말 한 거 미안해. 사과할게."

아이들이 차례로 사과했지만, 시선을 떨군 민채의 눈에서 눈물방울이 뚝뚝 떨어졌다.

"외모 가지고 놀리는 건 정말 치사한 거야. 이런 걸 장난이라고 웃으며 넘길 수 있을까? 듣는 사람이 웃을 수 없다면 그건 장난이 아니라 폭력이야. 민채가 여자가 아니라 너희보다 크고 힘센 남자였다면 이렇게 대놓고 조롱할 수 있었을까? 난 아닐 거라고 봐. 자기보다 약한 사람에게 장난이라는 이름으로 괴롭히는 혐오 표현은 절대

해서는 안 되는 거야."

"그런데 저는 나쁜 말 안 썼어요. 그냥 여자 같지 않다고 했을 뿐인데 그건 혐오 표현 아니잖아요."

동욱이가 억울하다는 듯이 말했다.

"여자 같지 않다는 게 뭘까? 민채는 여자인데 말이야."

"그냥 여자다운 느낌이 없다고요."

"그 느낌도 사실은 남자들이 요구하는 거지. 잘못된 거야."

"하지만 강민채도 저한테 남자 같지 않다, 무슨 남자애가 이렇게 힘이 없냐? 이런 식으로 말한 적 많은데요?"

"그래, 우리가 별생각 없이 하는 말이 상대에게 상처가 되거나 상대를 공격할 수 있다는 것을 명심하자. 오늘 밤에 모두 자기가 했던 말들을 한번 확인해 봐. 그저 재미로, 남들이 하니까 생각 없이 했던 말들이 누군가에게는 큰 상처가 될 수 있다는 걸 알게 될 거야. 그리고 너희는 오늘까지 반성문 써서 가져와. 나한테 쓰는 게 아니라 민채에게 쓰는 거야. 민채가 용서하기 어렵다고 하면 다른 방법을 생각해 볼 거야. 알겠지?"

"네."

풀 죽은 아이들이 대답했다.

"민채야, 애들이 네 사진 몰래 찍어서 올리고 이러쿵저러쿵 떠든 거는 정말 잘못한 거고, 혼나야 하는 거야. 선생님은 이 일이 민채한테 얼마나 상처가 되는 일인지 알고 있어. 혹시 네가 원하는 방법의 사과가 있다면 그렇게 하라고 할게."

민채는 고개를 푹 숙인 채 입을 열었다.

"그냥 더는 이런 일이 없었으면 좋겠어요. 그리고……."

"그리고 뭐? 얘기해."

"더 이상 남자 같다느니, 여자 같지 않다느니 그런 말 좀 안 했으면 좋겠어요. 제 가슴 보고 갑빠라는 둥 제 다리 보고 말 근육이라는 둥 그런 소리도 안 했으면 좋겠어요. 자꾸 남자 화장실로 절 밀어 넣는 것도 싫고요. 저 화장실 갈 때마다 남자애들이 올까 봐 무서워요……."

그렇게 말하며 민채는 엉엉 울었다. 민채의 이야기를 듣고 은우는 마음이 아팠다. 장난이기에 제대로 항의조차 하지 못하고 웃어넘겼던 민채는 혼자 속으로 얼마나 앓고 있었을까? 민채가 평소 같지 않게 우는 모습을 보고 아이들도 놀란 눈치였다. 아이들을 더 놀라게 한 건 도현이였다. 도현이는 민채가 우는 모습을 보고 고개를 떨구고 눈물을 뚝뚝 흘렸다.

'녀석, 아직 마음이 있나 보네.'

그 모습을 보며 은우는 도현이를 따로 불러 알려 줘야겠다고 생각했다. 진짜 좋아하는 여자에게 어떻게 대해야 하는지를. 비록 자신도 솔로 탈출에 성공하지 못했지만 말이다.

에필로그

그날 밤, 은우는 가만히 앉아 손목에 찬 워드워치를 바라보았다. 오늘은 5학년 1반 전체가 지난 일주일간의 기록을 스스로 확인해 보기로 한 날이다. 은우의 책상에는 혐오 표현에 관한 책들이 놓여 있었다. 책에는 나쁜 의미인 걸 알고 있었던 말부터 혐오 표현이라고 생각조차 한 적 없는 말까지 있었다. 아무 생각 없이 썼던 말이, 그저 재미로 썼던 말이 혐오 표현이었다는 사실에 새삼 놀랐다.

"이게 다 혐오 표현이라고요?"

월요일, 지난 일주일 동안 썼던 혐오 표현을 보면서 모두 깜짝 놀랐다.

"그냥 유행어인 줄 알았어요."

"싫은 걸 극혐이라고 하지, 그럼 뭐라고 해요?"

"사람들이 많이 쓰길래 따라 쓴 건데요? 신조어 같잖아요."

일상에서 자주 쓰는 혐오 표현을 보며 아이들이 고개를 갸웃했다.

"맞아. 나도 처음에는 그렇게 생각했어. 그런데 우리가 생각 없이 쓰는 혐오 표현 중에는 분명 그걸로 상처받는 사람들이 있었어."

은우의 말에 윤서와 동훈이가 고개를 끄덕였다.

"내가 혐오 표현을 확인하면서 놀랐던 건 이 표현을 쓰는 대부분의 상황이 유쾌하고 즐거웠다는 거야. 우리는 혐오 표현을 분노해서 사용하기보다 별생각 없이 재미를 위해 사용했던 거야. 그런데 이 표현 중에는 여기 있는 어떤 사람을 공격한 것도 있어."

"임대동에 산다고 임대충이라고 하는 말이 정말 싫었어요."

민호가 먼저 입을 열었다.

"장애인 같다고 우스꽝스럽게 따라 하는 것도요."

"맘충이란 말도요. 그냥 아이가 있기만 해도 맘충이라고 부르는 것 같아요. 우리 엄마는 그 말 듣고 울었어요."

"초딩이요. 그냥 초등학생이라고 하면 되는데 초딩이라고 부르면 기분 나빠요."

"맞아요. 게임할 때 잼민이라고 놀리면서 게임에서 쫓아냈어요."

"남자 같다는 말도 듣기 싫어요. 특히 쿵쾅이요."

"조선족은 위험하다는 말이요. 모든 조선족을 사기꾼, 범죄자로 보니까 억울해요."

아이들은 저마다 자신을 공격한 혐오 표현을 쏟아 냈다.

"분명 혐오 표현은 누군가를 공격하는 말이야. 그런데 보통 유쾌한 분위기에서 가볍게 하는 말이라 이 말이 잘못되었다고 하면 분위기를 깨고 유난 떠는 사람으로 몰잖아. 그래서 분위기에 휩쓸려 그런 말을 자꾸 쓰게 되고 더 퍼지고 있어. 혐오 표현이 정말 문제인 건 개인의 표현에 그치는 게 아니라 사람들을 갈라놓는다는 거야."

아이들은 어느새 진지한 얼굴로 은우의 말을 들었다.

"선생님, 그런데 표현의 자유도 있잖아요. 싫은 건 싫다고 표현해야 한다고 배웠는데요?"

소율이가 새치름한 표정으로 질문했다.

"소율이의 자유가 누군가에게 큰 상처가 된다면? 게다가 싫어하는 이유가 그 사람의 의지로 해결할 수 없는 거라면? 예를 들어 성별이나 장애, 인종, 국가 같은 거. 그런 건 스스로 바꿀 수 없는 거잖아. 그런데 그게 이유가 되어 혐오하면 그건 그 사람 자체를 부정하는 거야. 그냥 이 사회에 존재하지 말라는 말과 같지."

"선생님, 지금 완전 진지충이에요."

진지한 분위기가 어색한지 까불기 좋아하는 민준이가 웃으며 말했다.

"그것도 혐오 표현이야."

은우가 딱 잘라 말하자 민준이의 얼굴에 웃음기가 사

라졌다.

"그냥 재미로 한 건데……."

민준이가 뒤통수를 긁적이며 혀를 내밀자, 은우도 살짝 미안한 표정을 지었다.

"민준이가 나쁜 의미로 한 말이 아니란 건 알아. 하지만 사람을 벌레에 빗대어 표현하는 것은 대표적인 혐오 표현이야. 진지충이라고 하면 그렇게까지 상처가 안 될 수 있지만 맘충이나 급식충이라는 말을 생각해 봐. 재미의 형식을 빌린 혐오 표현은 더 빠르게 퍼져 나가. 나도 처음에 너희들과 친해지려는 마음에 요린이니 주린이니 하는 말을 썼는데, 그게 혐오 표현인 걸 그땐 미처 몰랐어. 내 딴에는 가까워지려고 유행어를 쓴 건데. 하지만 이건 분명히 누군가를 공격하고 차별을 부르는 심각한 사회적 문제야."

"그럼 어떤 말을 써야 해요?"

"그냥 바르고 고운 말을 쓰면 되지!"

시연이가 냉큼 대답했다. 시연이의 말에 은우가 말했다.

"혐오 표현을 쓰지 말자는 게 단순히 바르고 고운 말을

쓰자는 걸로 끝나서는 안 돼. 이건 인권에 대한 문제니까. 그래서 혐오 표현을 들었을 때 피하거나 입을 다물어서는 안 돼."

"그럼 어떻게 해야 해요?"

"혐오 표현에는 대항 표현으로 맞서야 해."

"대항 표현이 뭐예요?"

"말 그대로 혐오 표현에 대항하는 거야. 있는 사실 그대로를 강조해서 맞받아치는 거지. 예를 들어 '잼민이' 대신 초등학생이라는 말 쓰기, '결정 장애' 대신 결정하는 데 어려움을 겪는 사람이라는 말 쓰기 등이야. 가만히 있으면 혐오 표현에 동의하는 게 되니까 그 힘이 더 커져. 맞받아쳤을 때 처음에는 분위기를 망친다고 할 수 있지만 많은 사람이 대항 표현을 쓰고 거기에 힘을 싣는다면 분명 달라질 수 있어."

"선생님, 워드워치는 진짜 위대한 발명품이에요!"

"맞아요. 처음에는 제가 한 말을 보는 게 부끄러웠는데 혼자 조용히 보면서 제 말을 돌아볼 수 있었어요."

"아무 생각 없이 던진 말이었는데, 그 말에 담긴 의미를 알게 되었어요."

"선생님은 스티브 잡스예요!"

아이들이 엄지를 세워 보이며 은우를 칭찬하자 은우가 헛기침을 했다.

"큼큼, 이제야 내 워드워치의 진가를 알아보는군. 처음에 너희들이 무시했을 때 얼마나 속상했는데. 솔직히 말하면 교장 선생님이 워드워치를 팔아 주신다고 해서 여기 왔는데, 오히려 너희들 덕분에 내가 왜 이 워드워치를 만들었는지 진짜 의미를 깨닫게 되었어."

"선생님, 우리 매주 워드워치 확인하면서 혐오 표현이 얼마나 줄었는지 알아봐요!"

"선생님, 다음 주에 혐오 표현을 대항 표현으로 바꾸어 봐요!"

"그래그래, 알았어. 우리 반에서 혐오 표현이 사라질 때까지 열심히 해 보자."

은우와 아이들이 밝게 웃었다. 그런 은우를 교실 밖에서 양 교장이 흐뭇한 표정으로 바라보았다.